그 남자는 왜
동유럽에 살고 있을까?

그 남자는 왜
동유럽에 살고 있을까?

최동섭

고요아침

■ 글쓴이의 말

지이잉 지이잉….

스마트 폰의 알람이 울어댄다…. 7시 05분이다.
여기는 프랑스 파리의 오페라하우스 주변의 자그마한 고성(古城) Hotel. 한 여름의 아침이 제법 쌀쌀하다.
초등학생 외아들은 어제 사준 에펠탑 모형을 손에 꼭 쥔 채로 여전히 침대 위에 엎드려 세상 모르고 자고 있고, 와이프는 보이질 않는다.
아마, 근처의 주말 벼룩시장에 나갔나 보다.
영화 '연인'의 여주인공인 '제인 마치'가 썼을 법한 챙 넓은 모자와 흰색원피스를 입고 파리의 아침을 느끼고 싶다고 했던 말이 기억났다.
오늘은 파리여행 13일째. 파리 디즈니랜드에 가야 하는 일정이다. 이제 3일 후면 여름휴가도 끝이다. 하기야 벌써 2주일째 파리의 작은 호텔에 서만 보냈으니 나도 슬슬 지겨워 진다. 어서 빨리 집으로 돌아가 일을 하고 싶을 정도이다.

동유럽 슬로바키아에 이민 온 지 11년째.
평일에는 일을 하고, 저녁시간과 주말은 나와 가족을 위해 사용한다. 한국에서와는 달리 유혹의 손길이 없으니 가능한 일이다.
일년에 한달 정도가 되는 세 번의 휴가(부활절 휴가, 여름 휴가, 크리스마스 휴가)철에는 한국에도 다녀오고, 파리, 로마, 런던, 크로아티아, 슬로베니아, 프라하 등지로 여행을 다녀오기도 한다.
이번 여행은 벌써 세 번째의 파리 방문이다.
그 동안 3박4일 짜리로 짧게 다녀왔지만, 제대로 여유 있게 파리사람들 처럼 보내고 싶다는 와이프의 작은 바램이 있었기에 지금 우리는 2주일째 파리의 작은 호텔 5층에서 막 아침을 맞았다.

고등학교 3학년 첫 등교일.

전두위라는 희한한 이름을 가진 녀석과 옆자리에 앉게 되었는데, 중학교 2학년 때 합기도 도장을 다녔을 때, 알게 된 친구이다. 어찌 되었거나 반가웠고, 이내 절친이 되었다.

이 녀석의 아버지는 서울의 한 작은 여행사 사장이었고, 당시 1990년은 해외여행 자율화가 막 시작되었던 터라, 몇몇 대학생들이 배낭여행이라는 새로운 시도를 하고 있었던 때였다.

이 친구 아버지 여행사도 이 시기에 맞춰 다양한 마케팅으로 대학생들을 끌어모으고 있었다.

주말이 되면 아버지 회사에 놀러 가서 청소도 하고, 손님으로 온 대학생 형, 누나들의 이야기를 들으며 보내는 시간이 많아졌다.

그런데 이상하게도 뭔가 나에게 변화가 일어났다.

그 동안 아무런 생각 없이 지내 왔던 나의 진부하고 힘없는 일상에 신념과 목표가 생겼던 것이다.

바로 '유럽'이라 단어였다.

유럽이라는 단어는 미지의 세상이라는 느낌이었고 이내 가슴이 콩닥콩닥 뛰었다. 1988년 서울 올림픽을 계기로 해외여행 자율화가 시작되었다. 지금이라면, 대한민국 사람 누구나 만들 수 있는 여권이, 이전에는 엄격한 심사를 통과해야 만들 수 있는 일부의 특권이었다.

이제 그 여권을 누구나 가질 수 있고, 유럽 대부분 나라는 대한민국과 상호 비자면제 협정을 체결한지라, 여권만 있으면 누구나 쉽게 유럽에 갈 수 있다는 세상이 된 것이었다.

자율화가 되자마자 일부 대학생이 유럽으로 배낭여행을 떠났고, 넓은 세상을 경험한 특권(?)을 누린 자들의 여행기가 단행본으로 출판되었다.
아직 인터넷은커녕 컴퓨터라는 말조차 어색한 시대였던지라, 바깥세상의 호기심은 이들의 책을 통해서 밖에 얻을 수 없었다.
손효원, 김성수, 이경, 박정미 등등 당시 나보다 열 살 가까이 많았던 인생선배들의 천 오백원짜리 유럽 배낭여행 체험기 단행본 책을 사서 읽으며, 여전히 나의 가슴은 두근거리고 있었다.

유러피언 코리안이 되고 싶었다.

그저 단순한 여행이 아닌 그들의 삶 속에서 같이 헤엄치고 싶다는 욕망이 솟아 올랐다.
유럽여행이 아닌 유럽이민에 대해 조금이라도 관심이 있어, 방법을 찾아 보려고 했던 분들은 알 것이다. 책이며, 인터넷이며 아무리 찾아도 그냥 모두 아름답고 우아한 유명한 관광지 이야기뿐이고, 역사와 철학에 대해 작가의 지식을 자랑하듯 마구 쏟아내기에 여념이 없다.

도대체 뭘 어쩌란 말인가?
500년 된 성당, 1000년 된 예술 작품에 감동의 눈물을 흘린다고 해서, 누군가가 한 달 생활비를 입금해주지 않더란 말이다. 당장 마음 급한 나에게 누구 하나 속 시원히 현실을 알려 주지 않는다.

유럽이민 정보에 목이 말라, 틈나는 대로 시내의 대형서점의 구석구석을 뒤져 봐도, 유럽여행이나 관광에 관한 고상하고 우아한 무용담에 지나지 않을 뿐 도대체가 뭘 어떻게 시작할지 몰랐다.

이제 고3 때의 두근거림은 이제 나의 일상이 되었다. 아일랜드에서 유럽이민을 시작했던 나는 동유럽 슬로바키아에서 유럽이민을 완성하고 있고, 이제 나처럼 돈 없고, 빽 없고, 가진 것 없이 유럽이민을 실천하고자 하는 이들에게 가능성과 용기를 전해주고자 조심스럽게 이 글을 쓰게 되었다.

딴 거 필요 없다. 건강한 몸과 정신…. 그리고 설렘과 두근거림만 있으면 된다.

정말이다.

차례 | 그 남자는 왜 동유럽에 살고 있을까?

글쓴이의 말
4

chapter 1
인생 뭐 있나? 한 번 저질러 보는 거야!

19 인천공항에서

chapter 2
유럽 이민과 그 현실

24 유럽은 이민을 받지 않은 나라이다?   27 유럽연합과 유럽이민
29 유럽취업·이민의 현실

chapter 3
슬로바키아, 폴란드, 체코, 헝가리

36 유럽이민 그 시작
39 유럽 왜 동유럽 4개국인가?
50 이곳에 살고 있는 한국인들
69 비자,, 먹고살기

chapter 4
어쨌든 5년은 버텨야 한다

96 여행과 거주는 전혀 다르다
98 비자 받기
102 비자 관리
103 물가
105 국경일
106 정치구조 그리고 선거
107 사계절
110 종교 활동
111 한국 방문
113 세 번의 휴가철
119 한국 회사의 현지 직원들
122 출장 접대
123 집주인 그리고 이사 다니기
126 주택 구입
127 자동차로 국경통과
130 처녀·총각 그리고 슬로바키아 여자
131 브라티슬라바 다운타운(Down Town)
137 국제학교와 로컬학교
139 아이 키우기

140 팁 문화
144 식당 이야기
151 자동차 관련
156 대중교통
160 운동을 하자
163 미장원과 이발소
166 월급 받기
169 세금 이야기
171 다시 돌아오고 싶은 사람들

141 슬로바키아어를 배우자
150 입·출국 하기
152 고속도로 티켓
159 택시 타기
161 임신과 출산 그리고 양육비
164 내 주위에 외국인들
167 유흥 문화와 카지노
170 재취업 혹은 직책 업그레이드의 한 예

chapter 5
영주권·시민권 이후의 인생 설계서

178 영주권·시민권 이후의 인생 설계서
180 다시 대학으로
182 북유럽 연어 낚시와 스코틀랜드 골프
184 새로운 국가에 새로운 도전을
188 유럽의 한국인 이민자들

유럽이민 정착기

- 191 권영관(폴란드)
- 195 데이비드 김(영국)
- 199 박정태(오스트리아)
- 204 서경화(아일랜드 공화국)
- 210 글을 마치며

Haus in see, Fertorakos, Hungary

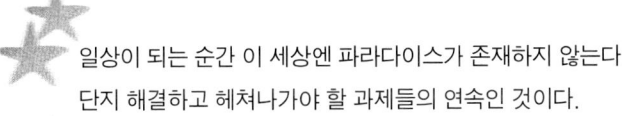
일상이 되는 순간 이 세상엔 파라다이스가 존재하지 않는다.
단지 해결하고 헤쳐나가야 할 과제들의 연속인 것이다.

Devin Castle, Bratislava, Slovakia

chapter 1

인생 뭐 있나?
한 번 저질러 보는 거야!

인천공항에서

2014년 3월 27일 오전 10시 인천공항

일주일간의 한국 출장을 마치고 집으로 돌아가는 길이다. 간단히(?) 아침을 간장게장으로 배를 채운 후, 체크인을 위해 K모 항공사 데스크로 향한다. 출장 기간에 미처 먹지 못했던 간장게장이 머릿속에 맴돌았는데, 공항라운지 한식당에 간장게장이 있으리라고는 상상을 못했다. 1인분에 32,000원으로 비싼 편이지만, 동유럽에서는 억만금을 줘도 먹을 수 없으니, 즐거운 마음으로 맛있게 먹어 줬다.

인천공항에는 수많은 사람이 저마다 사연을 가지고 항공사 데스크에서 체크인한다. 즐거운 여행을 위한 체크인일 수도 있고, 사랑하는 이와 이별을 하는 체크인 일 수도 있다.

내가 타는 비행기는 오스트리아 비엔나 행이다. 비행기는 약 11시간을 날아가 비엔나 공항에 도착시켜 줄 것이다.

비행기는 만원이다. 빈자리가 눈에 띄지 않는다. 통로 측 좌석에 자리 잡아 있으니, 50대 정도 된 부부가 미안하다며 안쪽으로 비집고 들어와 창가에 자리를 잡는다. 승무원들은 밝은 웃음으로 여기저기 오가며 승객들의 짐 정리를 해주느라 정신이 없고, 이국 방문에 들뜬 승객들의 설렘 가득한 말투가 귀에 들어온다. 단체 관광객인 듯한 승객들의 손에는 저마다 여행사에서 나누어준 여행일정표가 들려있으며, 인솔자인 듯한 여자는 자기 고객 챙기기에 여념이 없다.

"기내는 생각보다 춥고 건조해요. 그러니, 어머님, 아버님들… 물을 많이 드셔야 합니다. 화장실 자주 가시더라도 꼭 물을 많이 드세요… 아셨죠?"

나도 왠지 이들 그룹의 일원이 된 기분이다.

잠시 슬쩍 눈을 돌려 사람들 손에 들려있는 인쇄물의 제목을 읽어본다.

"크로아티아 일주(두브로브니크, 스플리트, 플리트비체)"라고 쓰인 굵은 글씨가 눈에 들어온다.

아…, 역시 방송의 힘은 대단하구나….

할배들과 누나들을 따라 이 먼 곳까지 여행을 가는데, 그래도, 유럽여행이라는 것이 흔한 말이긴 하지만 수백 만원의 돈을 열흘 안에 써버리는 것은 분명 과감한 결정이었을 거로 생각해 본다.

몇 해 전인가…, 드라마 '파리의 연인'이 방송국의 전파를 탔을 땐 '파리' 붐이 일었고, '프라하의 연인'이 나오자 유명연예인과 항공사가 손을 잡고 '프라하' 띄우기에 여념이 없었다. 덕분에 파리와 프라하 한인 민박집, 그리고 여행사들은 호황을 누리기도 했었지만….

이제는 관광코스가 예전과는 많이 달라졌다.

구유고 연방 지역인 슬로베니아와 크로아티아가 인기 있는 관광지로 급부상하고 있다.

보통 유럽여행이라 하면 예전에는 런던, 파리, 로마 등의 커다란 도시가 떠올려지곤 했다. 아이들이 가지고 노는 보드게임인 '부루마블 게임'에도 나와 있듯이 런던, 파리, 로마는 게임에서도 가장 비싸고 우아한 도시로 컨셉이 잡혀 있다.

많은 이들의 로망이기도 했던 이런 도시들은 어느덧 '누구나 한 번쯤은 다녀왔을 법한 곳'으로 회자하며, 이제는 (더 이상) 로망스러운 곳이 아니게 되었다.

몇 년 전에는 '프라하'가, 최근에는 '슬로베니아'와 '크로아티아'가 로망스러운 여행지를 대체하고 있다.

지금 유럽여행을 떠나는 이들도 다녀오면 나처럼 유럽에 살고 싶다는 생각이 들까?

아니면, '내 나라 내 음식이 역시 좋은 것이야…' 라며 가끔의 기분전환용으로의 유럽으로 만족할까?

Old Church, Cicmany, Slovakia

chapter 2
유럽 이민과 그 현실

유럽은 이민을 받지 않은 나라이다?

처음엔 나도 유럽에는 이민제도가 없다고 믿었다.
흔히들 이민을 간다면 미국, 캐나다, 호주, 뉴질랜드 등을 떠올린다.
모두 원주민을 몰아내고 유럽인들이 이주 정착한 신대륙 땅이다. 원래 주인들은 소리소문없이 사라지고, 땅은 넓고 사람은 없으니 당연히 누군가 와서 살아야 한다. 그래서 이민을 받는다.
이주공사, 이민 브로커, 이민 컨설팅 업체들이 방송과 신문을 이용해서 열심히 영업 하고 있다.

그런데 유럽은?
신대륙 국가들과는 상대적으로 교민 수도 적고, 언론 등에도 나오질 않고, 이민상품도 없으니 어렵고 불가능하다는 인식이 깔렸다.
그래서, 유럽은 이민제도가 없다는 말을 하는 것 같다.
그런데 참 이상했다. 이민제도가 없다고 하면서 신문을 보면 "프랑스, 이민자로 인해 몸살" 혹은 "독일 이민자들 인권개선 요구" 등등 이러한 느낌의 문구가 눈에 띄는 것이다.
뭐야? 그럼 유럽도 이민을 받는다는 거야 뭐야…?

유럽 이민은 미국, 캐나다, 호주, 뉴질랜드 등과 같이 이주공사를 통해 비싼 돈 들여가면서 하는 것이 아니다.
본인이 직접 거주증을 발급받아 살면서 세금 내고, 정상적인 경제생활을 하면서 스스로 자격 요건을 채운 후, 영주권, 시민권 신청을 하는 것이다.

어렵다고들 하지만, 수만 명의 한국사람이 유럽에 영주권, 시민권으로 정착하며 살고 있다. 나도 여기에 해당한다.

한국사람뿐 아니라, 중국인들도 식당이며, 옷 가게며, 무역일 등을 하면서 시민권 받고 잘살고 있다. 도중에 스스로 포기하지만 않는다면, 유럽 이민은 절대 어려운 것이 아니다.

귀가 얇아 이리저리 팔랑거린다든지, 생각이 너무 딱딱하여 주위 사람들과 여러 문제를 만든다든지, 건강이 안 좋아 남의 도움 없이 스스로 생활하기가 불가능한 경우는 제외하고 말이다.

다시 말하면 유럽은 이민을 받는다.

처음에는 '단기거주증'(보통 1년짜리 비자)부터 시작해서 보통 5년 ~ 10년이 지나면 영주권, 시민권을 '신청'할 수 있다. (중요한 것은 '신청'이다. 누가 알아서 챙겨 주는 것이 아니다. 스스로 챙겨야 한다.)

첫발을 내딛는 '단기거주증'을 받기 위해서는 취직을 하든, 사업(장사)을 해야 한다.

그래야 '단기거주증'을 받을 수 있고, 그 상태를 5년 이상 유지하면서 이민을 진행하는 것이다.

이제는 유럽이민은 일부 계층의 전유물이 아니다.

원하고 또 원하는 사람들이라면 누구나 그 꿈을 이룰 수 있다고 자신 있게 말한다. 적어도 나와 내 주변의 사람들은 보자면 말이다.

그러기 위해서는 '용기'가 필요하다.

미지의 곳으로 떠날 수 있는 용기, 현실의 안락함을 포기할 수 있는 용기.

유럽 이민은 미국, 캐나다, 호주 등보다도 훨씬 어렵다고 한다.

하지만 저마다 상황과 경험이 다르기 때문에 그냥 '유럽 이민은 어렵다'고 말할 수도 없다.

나 같은 경우에는 미국, 캐나다, 호주 같은 나라는 꿈도 못 꾼다. 소위 말하는 점수제로 이민을 심사하는 국가에서는 어림도 없다.

학력, 경력, 재산, 나이 등등 어느 하나 만만한 것이 없다. 그래서, 나에겐 유럽, 특히 동유럽으로의 이민이 적절했고, 딱 맞았다.

앞서 말한 서유럽 선진국 국가들에서 거주 경험이 있는 사람들은 알 것이다. 프랑스, 영국, 벨기에, 독일 등지를 가보면 외국인들이 참 많다. 길거리를 지나다녀도 그렇고, 관공서에 가도 이민자들이 모두 한 자리씩 차지하고 있다.

쓰레기를 치운다거나, 건설잡부들도 대부분 이민자가 일하고 있다. 이미 오래전부터 난민, 망명자들이 선호했던 이 나라들은 이제 신규 이민자들에 대해 까다롭고, 엄격한 잣대를 들이대고 있다.

이제는 웬만한 고급기술이나 재산 없이는 접근하기 어렵다.

우리 같이 평범한 한국인들에게는 너무나 높은 벽일 뿐이다.

최근 10여 년 전부터 시작한 한국 대기업들이 동유럽 진출을 시작했고, 매년 그 규모도 커져서 이제는 어딜 가나 한국인은 적어도 무시당하지 않는 곳이 바로 동유럽 국가들이다.

자연적으로 관련 협력업체와 현지회사들에 많은 한국인이 직장을 다니거나 자영업을 하면서 그리 까다롭지 않게 비자를 취득할 수 있게 되었다.

내가 처음 비자 신청을 한 2004년에는 무려 7개월이 걸려 단기 거주증 1년짜리를 받았다.

그것도 주위에서 엄청 빨리 나왔다는 말을 했었다. 하기야, 누가 슬로바키아에 비자까지 받으면서 살려고 할까…. 라는 생각을 해보면 외국인에 대한 규정 같은 것이 따로 정리되어 있지 않았던 것이 지금은 최초 신청 후 2개월 안쪽이면 비자가 발급되고 있다.

유럽연합과 유럽이민

유럽연합(EU, European Union)이라는 말을 들어본 적이 있는지?

유럽연합은 독일, 프랑스, 영국, 아일랜드, 벨기에, 네덜란드, 룩셈부르크, 덴마크, 스웨덴, 핀란드, 오스트리아, 이탈리아, 스페인, 포르투갈, 그리스, 체코, 헝가리, 폴란드, 슬로바키아, 리투아니아, 라트비아, 에스토니아, 슬로베니아, 키프로스, 몰타, 불가리아, 루마니아, 크로아티아 등 28개국을 회원국으로 하며, 나라의 국경이 존재하지 않는다.

각각의 나라가 모여 또 하나의 거대한 나라를 만드는 건데, 이렇게 되니 미국으로 치자면 유럽의 각 나라는 미국의 '주(洲)'개념이 되고, 미국이라는 나라는 '유럽연합국(EU)'과 동급이 되는 셈이다.

따라서 28개국 중 하나의 국가에서 영주권/시민권을 받으면, EU의 모든 나라에서 거주, 취업, 여행, 비즈니스의 자유가 주어진다. 물론 세금을 낸 해당 나라의 복지 혜택의 수혜도 받을 수 있다.

이는 비 EU 회원국인 스위스, 노르웨이, 아이슬란드 등의 국가에서도 해당이 된다.

폴란드 국민이건, 프랑스 국민이건, 아일랜드 국민이건 모두 똑같은 EU라는 거대한 국가의 시민이라는 거다.

과거 아일랜드 이민시절에 알게 된 키가 작고 왜소한 일본인 친구가 있었다. 주말마다 시청 문화센터에서 열렸던 '영어-일본어 언어교환 Class'에서 알게 된 친구였는데, 당시 아일랜드의 작은 디자인회사에 근무했었다.

이 친구, 5년 재직기간을 채우고 난 후 바로 시민권 신청에 들어갔다. 약 6개월 후에 바로 아일랜드 국적을 취득하더니, 그러고는 바로 파리로 이사를 가버렸다.

원래 계획이 그랬다면서 파리에 푹 빠져서 파리에서 직장생활을 하고 싶어 하던 친구였는데, 프랑스의 경우 이민은커녕 외국인(비유럽인) 취업은 거의 불가능 하다면서, 당시 10여 년 전 당시의 '상대적으로 허술한(?)' 아일랜드 이민을 이용하여 프랑스 이민을 준비했었다.

다행히 '상대적으로 허술한(?)' 아일랜드 이민에 성공한 그 친구에게 늦게나마 축하를 보내고 싶다.

지금은 연락되지 않지만 아마도 본인의 주업인 그래픽디자인을 하면서 잘 살고 있을 거라는 추측을 해본다.

내가 일하고 있는 슬로바키아의 '갈란타'라는 도시에 'Zoltan(졸탄)'이라는 자가용 택시 운전기사가 있다. 회사에서 대 놓고 쓰는 택시인데, 회식 후에 대리운전기사로 부르거나, 출장자가 왔을 때 시내 가이드용으로 자주 사용하는 친구이다. 그런데 이 친구 조만간 스웨덴으로 떠난다며 앞으로 택시나 대리기사 부를 일이 있으면 자기 동생에게 연락하란다.

사연인 즉, 스웨덴에 먼저 가 있는 친구가 택시회사를 차렸는데, 회사 규모가 조금 커졌고, 거기에 취직하러 간다는 것이다.

역시, 같은 유럽연합국 이기에 비자나 노동허가 등은 전혀 필요치 않아 쉽게 이직이 가능한 것이다.

유럽취업·이민의 현실

유럽이민 관련해서 인터넷이나 이주공사를 통해 알아보면 국내에서 미리 영주권, 거주증을 받을 수 있다고 하는데, 이러한 말들은 뭔가 석연치 않다. 10여 년 간의 내 경험과 주변의 한국인 이민자를 보더라도 뭔가 말이 안 되는 이야기이다. 유럽영주권, 시민권 등의 발급에 관해서는 한국에서 할 수 있는 건 아무것도 없기 때문이다

그리고 선진국 이민에 대해 환상만큼 현실은 그리 녹녹하지 않다.
유럽이라고 하면 떠오르는 나라는 영국, 프랑스, 독일을 시작으로 스웨덴, 스위스, 덴마크 등의 서유럽 잘사는 나라들일 것이다.
유럽 이민에 관심이 많아 주위를 살펴보니 취업, 기술, 투자이민을 받는다는 이민 컨설팅 회사의 홍보 문구가 보인다.
말을 어찌 이리 잘 만들었을까…. 하고 생각해 본다.
왠지 나에게도 해당이 될 거 같아, 유료 상담도 받아 보고, 설명회도 가보고, 그러다가 뭔가에 꽂히면 이민 신청을 한다. 마음이 설레고, 이제 곧 떠나 장밋빛 미래가 기다리고 있을 거 같다.

능숙한 외국어로 외국 친구들과 직장생활을 하며, 주말이면 이웃집 백인들과 어울려 바비큐 파티를 벌인다. 내 아이들은 외국 아이들과 스스럼없이 대화하며 넓은 마당에 뛰어논다. 멋진 인생을 살고 있을 생각을 하니 킥킥 웃음이 절로 난다.

진지하게 마음을 가다듬고 신청 서류와 거액의 수수료를 지급한다.

신청한 지 1~2년이 지나도 아무 소식이 없다. 아직 심사 중이라는 대답만 돌아온다.

기술이민. 정말 잘 만들어진 말일 뿐이다.

설명하자면 유럽 나라마다 자국민들로서 충당하기에 부족한 직업군들이 있는데, 이 분야의 외국인을 받아들이는 제도다.

예를 들면, 일시적으로 아일랜드 공화국으로서 IT, 건설, 의료 부분이었다. 아일랜드 정부는 위의 세 직업군을 가진 사람이 부족하다고 판단한다. 사회가 원활하게 돌아가기 위해서는 해당 직업을 가진 외국인에게 노동시장을 개방해야 한다.

이런 기술을 가진 사람은 어느 나라 사람이라도 환영한다.

어서 와라. 2년짜리 거주증을 주겠다. 여기 와서 일자리를 찾아봐라.

이런 뜻이다.

누가 일자리를 제공해 주거나, 무조건 취직을 시켜준다는 말은 절대 아니다.

최근에는 덴마크가 이러한 제도를 시행한다.

근데 이것도 점수제로서 자격이 필요하단다.

대학원 졸업에 경력 5년 이상, 나이 30대 중반 이하 정도가 돼야 뭔가 희망이 보인다.

취업이민이라는 말로 광고를 하는 경우가 있다. 이건 도대체가 무슨 뜻일까?

그냥, 다른 말로 해외취업이다.

예를 들어, 덴마크 취업이민이라는 말은 그냥 덴마크에 있는 회사에 취직하는 거다. 그 취직자리를 이민 컨설팅 회사에서 알아봐 준다는 것인데, 취직 여부는 본인과 외국 회사의 몫이고, 취업했다고 비자 발급이 당연한 것은 아니다.

비자 발급은 해당 국가의 외국인 담당 부서의 몫이다.

유럽에서 회사에 취직이 되었더라도, 노동허가와 비자 발급은 전혀 별개라는 말이다.

다 좋다. 이런 이미지 좋은 나라들….

하지만 이러한 서유럽 국가들은 우리같이 어정쩡한 사람들이 진입하기는 상당히 어렵다.

헐리웃 스타들처럼 부와 명예가 있거나, 전쟁, 기아, 질병으로부터 자기 나라를 탈출한 망명자들처럼 극과 극인 경우가 오히려 수월하다.

취직해야 최초 거주증을 받을 수 있는데, 취직하기가 쉽지 않다. 설령 취직되었더라도 자국노동법과 EU 노동법을 들먹이며 거주증 발급이 녹록지 않은 것이 서유럽 선진국의 현실이다.

북아프리카, 구소련연방 등에서 온 난민, 불법체류자 등으로 가뜩이나 이민자들이 늘어나고, 그들의 2세 3세들이 어느 정도 성장해서 그들이 어느 정도 외국인으로서의 자리를 차지하고 있고, 가뜩이나 실업률 높은 유럽 선진국에 당신 같은 평범한 사람들의 자리가 남아 있을 거로 생각하는가?

그것도 남들이 부러워하는 안정되고, 깔끔한 직장과 대박 아이템에 목 좋은 가게가 당신을 기다리고 있을 것이라고?

그 나라에서 대학 나온 자국민들도 취직이 어려워서 인턴생활에 겨우 계약직으로 연연하는 상황에?

또한, 이러한 나라들은 취업, 사업조건을 보면 보통 점수제로 진행한다. 최소한 석사, 박사 이상의 학벌에 한국에서의 경력이 필요하다. 석사 학위는 몇 점, 박사는 몇 점, 경력 몇 년 이상은 몇 점, 소유재산은 몇 점, 스폰서(현지에서 취직할 회사)의 재정상태에 따라 몇 점 등등.

점수가 부족한 게 당연하고, 이주공사에서는 다시 유학-취업-이민 순서로 진행할 것을 권유한다.

어느 정도 프로세스화 된 캐나다, 호주 이민도 서류 접수로부터 2년 이상은 기본이다.

이거 기다리다가 나는 늙어가고 애도 커간다.

하물며, 유학－취업－이민이라니…….

지금 당장 시작해도 모자랄 판에 지금 장난하나?

한국에서 겨우 대학을 졸업했던 당신이 다시 다른 나라말로 대학을 나와야 한단다. 또 학비, 생활비는 어쩔 것이며, 뭐해서 먹고 살으라고?

시간은? 최소한 6~7년은 지나야 이제 막 시작한 꼴이다.

해외 유학생들이 왜 돌아오는지 알고 있는가?

대한민국을 너무 사랑해서 돌아오는 사람들도 있지만, 현지에서 취업이 안 돼서 돌아오는 경우가 대부분이다.

예를 들어 당신이 영국 유학생으로서 경영학과를 졸업했다고 치자. 적어도 같은 학년, 학과에 수십 명의 동기생이 함께 졸업했을 것이며, 같은 대학 선배들도 수백 명이 있을 것이다. 그리고 인근 지역 대학에도 같은 학과와 복수 전공자들이 수두룩할 것이며, 영국 전국에 퍼져 있는 대학들에서 당신과 같은 전공을 한 사람들은 물론, 거기에 EU 28개국의 수백 개의 대학에서 수만 명의 같은 학과 졸업생들이 있을 것이다.

자, 그럼 다시 생각해 보도록 하자.

자신이 회사 오너라고 생각한다.

굳이 말 안 통하는 외국인을 고용할 것인가?

대학 졸업했다고 그 나라 말과 문화를 완벽하게 이해한다고 착각하는 것은 아니겠지?

냉정하게 말하면 학교는 돈을 내면서 다니는 곳이고, 회사는 돈을 받으면서 다니는 곳이다.

이 차이는 차마 말로 표현 못 한다.

또 굳이 Non EU 국적을 가진 외국인을 고용할 것인가?

Non EU인을 고용하기 위해 회사는 여러 가지 증빙과 EU 당국으로부터 감시와 통제를 받는다.

최소 3~6개월 이상 동안 일간지 이상의 신문에 취업공고를 내야 하고, 그래도 사람이 구해지지 못했을 때 비유럽인을 고용할 수 있으며, 그들의 비자 발급을 위해 수십 가지 서류를 준비해야 하고 그에 대한 서류 비용과 외국인 경찰서에 아쉬운 소리도 해야 하고, 이것도 매년 연장해야 하는 등……

자기 나라 직원 하나 뽑아도 마음대로 해고도 못 하니, 사람 하나 뽑는데 엄청나게 신중한 유럽 회사들이 비유럽인들을 정규직원으로 채용하려면 얼마나 회사에 이득이 있어야 채용을 결정할 수 있는지 이해가 가는가?

하다못해, 영국 런던에 있는 한국계 기업의 현지법인들도 한국인을 뽑을 때도 마찬가지이다. 영어와 업무 경력은 말할 것도 없고 응시자격 중에 이런 것이 있다.

'영국 취업법상 결격 사유가 없는 자에 한함'

무슨 말이냐 하면, 비자 발급이 까다로우니 영주권 소지자라야 지원할 수 있다는 뜻이다.

영국의 취업 사이트에도 처음 이력서 등록을 할 경우에도 'Work eligiblility(노동자격)' 소지 여부를 묻는 란이 있는데, 여기에 체킹이 안되면 이력서는 보지도 않고 바로 보관함으로 넘겨진다고 한다.

나도 아일랜드의 대형 프렌차이즈 레스토랑에서 근무한 적이 있었다. 아이도 태어났으니, 난 아일랜드 국적의 자녀를 둔 부모였다.

그런데 노동허가 발급이 불가하단다. 퇴짜 맞았다.

레스토랑에서 일하는 데 왜 비유럽인이 필요하냐는 거였다.

그래도 그냥 일했다. 그리고 이제는 버틸 수 없어 떠났다. 실패했다.

이 뿐 아니라, 당시 아일랜드 더블린으로 취직되어 왔던 호텔요리사, 미용사들도 모두 비자를 받을 수 없었으며, 영국 런던에서도 취업이 되었지만 비자 문제가 해결되지 못한 채로 수년간 불법체류 신분으로 살던 디자이너 친구들의 고충도 이루 말할 수 없었다.

지금도 여러 경로로 이민을 진행하는 사람들이 많을 것이다. 물론 그중에는 남들보다 뛰어난 능력으로 수월하게 진행하는 분들도 존재한다고 믿는다.

그래도 적어도 이 정도 상황은 이해하고, 유럽이민을 준비해야 한다.

Banska Stiavnica, Slovakia

chapter 3

슬로바키아, 폴란드, 체코, 헝가리

유럽이민 그 시작

그럼, 어떻게 하면 유럽이민을 완성할 수 있을까?
서유럽의 현실상 우리 같은 평범한 한국인들이 접근하기가 현실적으로는 쉽지 않다.

결론부터 말하면, 동유럽 4개국(슬로바키아, 체코, 헝가리, 폴란드)에 진출해 있는 250 여개의 한국회사를 통해 취업이민을 진행하거나, 한국인으로서의 우월적 상황과 특징을 살려 사업이민을 진행하면서 이민을 완성하면 된다.
취업이나 사업을 하기 위해서 영어점수도 필요 없고, 막대한 재산증명도 필요 없다. 학력도 고등학교(필요한 경우 대학) 정도만 졸업했다면 문제가 없다.
취업이나 사업을 시작했다면 비자 발급에 큰 문제가 발생하지 않는다. 적어도 한국인이라면 말이다.

그렇게 되면, 위에서 말했듯이 유럽연합(EU) 28개국 중 살고 싶은 나라에서 살 수 있고, 일할 수 있고, 아이를 키울 수 있고, 여행할 수 있게 된다.
파리 몽마르뜨 언덕에서 우아하게 백수로 살아도 되고, 크로아티아의 바닷가에서 민박집을 하면서 살아도 된다. 핀란드의 산타 마을에서 군고구마를 팔아도 되고, 스페인 바르셀로나에서 아이스크림 장사를 해도 된다.

이 책을 읽다 보면 사람마다 다르지만, 독자 개개인의 경험치, 노력에 따라 머릿속에 무언가 아이디어가 생각날 것이라 믿는다.
그러니, 부디, 이 책을 끝까지 읽으시길 바란다.

그리고 진지하게 고민하고, 공부하면서 마음속의 두근거림을 절대 잊지 말기를 또한 바라는 바이다.

그럼 어떤 방법으로 유럽이민을 시작해야 할까?
국가별로 약간의 차이는 있지만, 학생신분을 제외한 자격(취업, 사업, 난민, 결혼 등)으로 5~10년의 기간 동안 경제활동을 하면서 정해진 세금을 내면 영주권, 시민권 자격을 주는 것이다.
그러나 이 글을 읽는 평범한 독자들에게는 일어날 가능성이 희박한 난민과 국제결혼은 과감히 무시한다.

결국은 취업 아니면 사업이다.

취업 혹은 사업 자격으로 단기 비자를 받는다.
그런 다음, 회사직원으로 혹은 사업자로서 유럽 내에서 돈 벌고, 세금 내고, 애 키우고, 운동하고, 회식하고, 사랑하고, 골프 치고, 휴가를 즐기고…. 그러다 보면 5년이 흘러 영주권도 신청하고 시민권도 신청하면 된다.

이곳에 머무는 동안 여행을 될 수 있는 대로 여행을 많이 다니면 좋을 것이다. 차만 있으면 어디든지 갈 수 있는 곳이 유럽이다.
그러면서 나중에 살 곳을 미리 찾아 둔다는 생각으로 유럽대륙을 하나씩 여행해 본다면 그 재미 또한 쏠쏠할 것이다.
이 얼마나 좋은가!

그냥 이곳에 살면서 휴가 때 여행 다니면서 미리 살 곳을 사전 답사하면서 그렇게 이민을 할 수 있다.
이렇게 완벽한 계획이 있긴 하지만, 문제는 취업과 사업을 시작하는 것이 관건이다.

하지만 내가 당신 인생을 책임져 줄 수는 없다.

전체적인 큰 그림과 방향을 알려 주면, 당신은 이 책의 정보를 밑천 삼아 실천에 옮겨 스스로 업그레이드해야 한다.

그리고 가장 중요한 시작은 이 책을 돈 주고 사는 것부터 시작된다는 점을 명심해야 한다.

부디 성공하기를 바란다.

유럽 왜 동유럽 4개국 인가?

혹시, 동유럽 하면 어떤 이미지가 떠오르는가?

소련, 철의 장막, 후진국, 공산당, 바르샤바 조약기구… 이런 단어가 떠오르는지 아니면, 경제성장, 대기업 생산법인, 동유럽 미녀, 유네스코 문화유산, 까를교, 맥주 등등… 이러한 단어들이 생각나는가?

전자 경우의 사람이라면, 당장 도서관 혹은 인터넷에서 적어도 한 달 이상의 시간을 보낼 스케줄을 갖는 것이 좋을 것이다.

언제의 이야기인데, 이런 이미지를 가지고 있는 당신…. 대책은 없지만, 그래도 이 책을 돈 주고 사서 읽을 정도라면 아직 희망은 있다.

반대로 후자의 경우 사람이라면 당신은 이제 실천만 하면 된다. 하기야, 내가 사는 슬로바키아라는 나라도 한국의 내 친구들에게는 그저 생소한 이름일 뿐이다.

한국으로 휴가를 가게 되면 으레 친구들을 만나게 되는데, 한 예로 중학교 친구 중에 경기도 군포에서 경찰공무원으로 일하는 친구가 있다.

이 친구는 내가 슬로바키아에서 살고 있다니까, '야 인마. 너 전에는 '덤블린(아일랜드 수도 더블린)'에서 살고 있다더니 지금은 체코슬로바키아에서 사는 거야?'라고 말한다

어쨌든, 그렇다.

모르는 사람은 모르고 아는 사람은 안다.

지금부터 체코, 슬로바키아, 폴란드, 헝가리 4개국의 현재 모습을 알려 주고

자 한다.

작년 부활절 휴가. 슬로베니아에 3박 4일간 자동차 여행을 다녀왔다.
역시 이름이 낯설다. 슬로베니아….
슬로바키아와도 비슷하고 왠지 분위기가 동유럽스럽다.
'포스토이나(Postojna)'라는 유럽 제일의 동굴관광 후, '블레드(Blade)' 호수 섬에 있는 성당에도 가보고, 해안가 마을인 '피란(Piran)'에 가서 아드리아 해(海)를 향해 심호흡 좀 하면서 해산물에 화이트 와인 한잔하는 계획의 코스.
출발하기 전, 사람들의 발자취가 없는 그런 곳에 간다는 기분에 약간 설렘과 동양인의 매력을 보여 주기 위해 은근히 신경도 쓴다.
아기자기한 아드리아 해(海)의 낭만을 느끼며 해안선을 따라 차를 몬다.
'블레드(Blade)'라는 작은 호수 마을의 호텔. (지도에서 한번 찾아보라! 얼마나 구석에 있는지) 체크인을 위해 리셉션에 서 있는데, 갑자기 관광버스 한 대가 입구에 선다.
그러더니, 억센 부산사투리와 서울말이 뒤섞인 수십 명의 중년 여성들과 꼬맹이들을 쏟아낸다. 중산층으로 보이는 이분들이 슬로베니아의 작은 호수 마을에 올 정도라면 런던, 파리, 로마 등은 한 번씩 다녀왔을 것이고, 그다음 오스트리아, 스페인 정도도 가 봤을 확률이 높다. 적어도 두, 세 번째의 유럽 관광이라는 건데….
그분들과 우산 때문에 말을 걸었다가 잠시 이야기를 해보니 역시 내 예상이 틀리지 않았다. 두 번째의 유럽 여행 중인 분들.
여고 동창모임으로써, 아이들만 데리고 온 동창 여행이란다.

재작년 여름휴가로 다녀온 크로아티아 자동차 여행인 슬루니(Slunj)—플리트비체(Plitvice)—두브르브니크(Dubrvinik)—크르크 아일랜드(Krk)—쟈타르(Zadar) 코스에서도 여러 한국인 단체관광객들을 만났었다.

이렇듯, 동유럽 접근성에 대해 그리 낯설지 않은 세상이다.

그럼에도 불구하고, 여전히 대다수의 생업에 열중하는 사람들에게는 동유럽은 그저 머나먼 동화 속 이야기일 뿐이다.

그럼 이 동유럽 4개국에는 뭐가 있을까?

프라하의 연인, 꽃보다 누나들의 낭만적인 여행지만 있는 것이 아니다. 바로 한국 대기업들의 생산법인들이 자리 잡고 있으며, 매년 수백에서 수천만 대의 자동차, LED TV, 가전제품 등을 쏟아 내고 있다.

미국이나 서유럽에서 동양인을 보면 중국이냐 일본이냐를 묻지만, 이 동네에서는 동양인을 만나면 꼬레아냐고 묻는다. 그게 뭐 그리 중요하냐 생각할 수 있겠지만, 이곳에 사는 한국사람들에게는 말로써 표현할 수 없는 그 이상 도움이 된다.

식당, 상점, 우체국, 은행 등 일상생활에서 한국인에 대해 호감을 느끼고 있는 사람들이 많아 업무처리에 효과적이기도 하다. 그리고 동유럽인을 상대할 때도 부러움이나 선의의 호기심 어린 시선을 느끼게 되곤 한다.

가끔은 취직시켜 달라거나(나도 내 코가 석 자인데….) 땅이나 집을 사라거나, 건물 짓는데 돈을 보태 달라고 하는 무리한 요구를 받긴 하지만 기분은 그리 나쁘지 않다.

한국사람은 모두 뭔가 대단한 권한을 가지고 있는 줄 아는 모양이다.

10여 년 전까지만 해도 웬만한 생산공장은 유럽에 진출하기 어려웠다. 서유럽은 인건비나 세금도 비싸고, 동유럽은 치안 문제와 과거 사회주의 잔재로 인한 사회의 경직성 때문에 엄두가 나지 않았었다.

그래도 대우자동차가 폴란드 공장에서 Tico가 히트를 쳤고, 삼성전자에서 영국의 윈야드와 스페인의 바르셀로나, 브라운관 TV와 DVD 플레이어를 생산했었으며, 아일랜드에서는 새한미디어가 비디오테이프 생산공장을 운영했었다.

하지만 당시의 규모도 그리 크지 않았을뿐더러, 그나마 이러한 생산법인들은 이제 모두 문을 닫았다. 그리고 지금 슬로바키아, 체코, 폴란드, 헝가리 동유럽 4개국에는 관세혜택, 법인세감면, 저렴한 노동력 등의 이유로 삼성(TV, 가전, LCD Panel), 현대(자동차, 모비스), LG(TV), 기아(자동차), 한국타이어 등의 대기업들의 생산공장들이 자리 잡고 있고, 그 주변으로 수백 개의 크고 작은 한국협력 회사가 먹고 살고 있다.

이 많은 한국회사에서 일하는 한국사람들, 가족들, 출장자들이 생활하면서 식당, 부동산, 자동차, 여행사, 국제학교 등등에 치르는 돈과 시간을 고려하면서, 먹고 사는 것에 대해 조금만 머리를 쓴다면 쉽게 방법을 찾을 수 있을 것이다.

일단 내가 사는 슬로바키아의 예를 들어보자.
수도 브라티슬라바에서 60km 떨어져 있는 '갈란타'이라는 마을이 있다.
한국으로 치자면 서울에서 수원 정도의 거리이다. 전화번호도 지역 번호가 02와 031이다. 아무튼, 똑같다.
이 동네에는 삼성전자 TV 생산법인이 2002년부터 운영되고 있다. 그런데 TV가 저절로 만들어지나? TV를 만들 부품도 있어야 하고, 부품을 운반하는 사람들도 있어야 하고, 그 부품을 만들 재료도 있어야 하고, 그 부품을 만들 사람도 있어야 하고, 사람들 밥 먹을 곳도 있어야 한다.
그러다 보니, 부품을 수입하고, 상품을 만들고, 다 만든 상품들을 판매처로 이동시키고, 자재나 상품들을 보관도 하는 등의 협력업체들이 주변에 공생하기 마련이다. 이를 하나의 묶음으로 본다면, 이러한 것이 슬로바키아에는 3묶음, 체코에는 2묶음, 폴란드에는 2묶음, 헝가리에는 2개 묶음이 있다고 보면 된다.
그중에서 체코에는 현대자동차, 슬로바키아에는 기아자동차가 자동차공장을 운영하고 있는데, 이는 앞서 말한 전자회사보다 규모가 큰 편이다.
당연하다. 자동차는 TV보다 크기 때문이다.

세부적으로 살펴보면, 슬로바키아에는 삼성전자 TV 생산법인, 삼성전자 Panel 생산법인, 삼성전자 유럽물류법인, 기아자동차 생산법인, 현대모비스 모듈 공장이 있고, 폴란드에는 삼성전자 가전생산법인, LG전자 생산법인이, 체코에는 현대자동차 생산법인, 현대모비스 모듈 공장이, 헝가리에는 삼성전자 TV 생산법인과 한국타이어 공장, 그리고 제일모직의 레진 공장 등이 있다.

지리적으로 간단히 설명하자면 슬로바키아는 체코, 폴란드, 헝가리는 모두 국경이 맞닿아 있고, 그 접경지역을 중심으로 한국회사가 집중되어 있다.

간단하게 슬로바키아와 주변의 주요 도시를 설명하자면

1. 브라티슬라바(Bratislava)
－슬로바키아의 수도이며, 오스트리아와 거의 붙어있다.
비엔나까지 차로 40분 정도면 갈 수 있다. 많은 한국 가족들이 거주하고 있지만, 대신 한국회사는 거의 없다. 일부 사무실 위주의 회사 몇 곳만 있다

2. 갈란타(Galanta) · 트르나바(Trnava)
－삼성전자 생산법인(2곳)과 삼성물류법인, 그리고 30여개의 협력회사들의 공장과 사무실이 위치해 있다.
브라티슬라바 혹은 트르나바에 집이 있는 사람들이 대부분이며 출퇴근을 한다.

3. 질리나(Zilina)
－기아자동차와 현대모비스 생산법인과 100 여개의 크고 작은 한국 협력회사들이 있다. 폴란드, 체코와 국경이 거의 맞닿아 있으며, 취학 아이들이 있는 경우 가족들이 브라티슬라바에 살고 있어 주말부부를 하고 있고, 미취학 아이들이 있는 가정 혹은 아이가 없는 집은 대부분 질리나에 살고 있다.

4. 이외에 슬로바키아 북부국경과 체코·폴란드의 국경도시들인 오스트라바(Ostrava), 노쇼비체(Nosovice), 프리덱미스텍(Frydek-Mistek), 카토비체(Katowice), 글리비체(Griwice), 죠리(Zory), 스코죠프(Skoczow) 등에는 현대자동차, 현대모비스를 비롯하여 역시 100여개의 크고 작은 한국회사들이 자리 잡고 있다.

이 4개국 접경지역에 약 250개의 한국회사와 5천명의 한국인들이 열심히 일하며 살고 있는데, 이는 유학생들이 거의 없이 거의 모두가 경제활동을 하는 사람과 그들의 가족이라는 점이다.
5천 명 모두가 일정수준의 생활 수준을 유지한다는 말이기도 하다.

뭔가 복잡하고 익숙하지 않은 말이지만, 아무튼 이 4개국에 한국사람과 한국회사들이 엄청나게 많고, 한국회사와 한국사람들을 상대로 하는 동유럽회사, 동유럽인들도 또한 많다는 뜻이다.

또한, 환경과 사람들을 생각해봐도 확연히 다르다.
참으로 순박하다. 특히 한국인들에 대한 인식은 서유럽에 비해 엄청난 차이를 가진다.

한국인들에 인식과 대접이 서유럽과는 사뭇 다르다.
올드타운 노천카페에 앉아 있으면, 한국사람이냐고 묻는 사람이 꼭 있다. 그러면서 '안녕하세요, 감사합니다'를 연신 남발한다.
한국여자라도 같이 자리하고 있으면 그 빈도는 더하다.
믿기지 않겠지만, 서유럽에서의 한국인 이미지는 그리 낭만적이지 않다. 한국인이라기보다는 그냥 아시아인으로 취급받기 때문이다. 워낙 많은 불법이민자가 중국, 인도, 동남아, 파키스탄 등지에서 대량 유입되어 아시아인=불법체류자=세금도둑이라는 인식이 자리 잡고 있기 때문일까?

비엔나나 런던, 그 외 서유럽에 살고 있는 지인들의 반응도 대체로 비슷하다.

노천카페나 한적한 거리에서 해코지를 당했다거나, 관공서에서 웃음거리 취급을 당한다거나, 길거리에서 '더러운 아시아인' 이라는 말을 듣는다거나….

주로 아시아 이민자의 첫 시작이 단순노동이나 흔히 말하는 밑바닥일 이기 때문일 것이다.

경제상황이 좋지 않으니 일자리를 잃은 서유럽 중하위층들의 화풀이 대상은 자신과 비슷한 일을 하는 아시아 이민자들이다.

자기들의 일자리를 아시아인들에게 빼앗겼다는 막연히 불편한 심기를 노출하고 있다.

그에 비해 동유럽 4개국의 한국인 입성은 대기업과 협력 회사들이 시작했다.

이들 투자자인 한국회사의 법인장과 관리자들인 한국사람들이 이들 동유럽 직원의 인사권과 함께 회사의 자금원을 쥐고 있기 때문이다. 그래서 한국인=직장상사(Director)=자신들의 경제생활을 쥐고 있는 사람이라는 이미지로써 한국인의 이미지가 다른 서구 선진국의 이미지와는 다르게 시작된 것이다.

이 4개국 접경지역의 한국회사에서 일하는 동유럽인들은 어림잡아 약 8~9만 명 이상으로 추산되고 있다.

슬로바키아에만 2만 5천 명 수준의 고용을 하고 있으니, 딸린 식구까지 포함하면 10만 명의 슬로바키아인들의 생계를 책임지고 있는 한국회사인 것이다.

4개국 전체적으로는 4인 가족 기준으로 하면 약 40만 명의 생계를 책임지고 있는데, 슬로바키아 인구가 5백만 명, 체코, 헝가리 인구는 각 1천만명씩 밖에 되지 않으니, 적지 않은 수의 동유럽인들은 좋든 싫든 한국이라는 이미지와 함께 생활하고 있다.

Zadar

슬로바키아를 출발하면, 오스트리아와 슬로베니아 국경을 넘어 크로아티아에 도착한다.
5시간 정도면 갈 수 있어 금요일 오후에 출발하는 2박3일 짜리 여행을 다녀오곤 한다.
Zadar(쟈다르)의 소년소녀들의 망중한(좌)와 주말 수산시장에서 문어를 파는 아저씨(우)

⭐ 두브르브닉(Dubrvnik)으로 가려면 크로아티아 땅으로 들어가서 다시 보스니아 국경을 통과해야 한다.
낮(좌)과 밤(우)이 모두 이국적이다.

Dubrovnik Croatia

이곳에 살고 있는 한국인들
(대기업 주재원, 협력업체 주재원, 현지 한국인, 자영업자, 전문직 종사자)

이곳 한국인들의 월 소득은 한국의 비슷한 연령대의 봉급생활자와 비교해서 꽤 높은 편이다. 보통 2배 이상이라고 보면 된다.

현지인(동유럽인)들과 비교하게 되면 그 차이는 실로 어마어마 한 편이다. 적게는 3배에서 많게는 10배 정도 차이가 날 정도로 이곳의 한국인 경제사정은 매우 좋은 편이다.

이는 웬만한 서유럽 선진국의 급여보다 훨씬 좋은 조건인데, 가까운 오스트리아 비엔나의 대졸 초임과 이곳 슬로바키아 한국회사에 취업한 한국사람의 급여는 1.5배~2배가량 이곳 급여가 높다.

또한, 이곳에서 한국인들이 비자를 받기 위해서는 '무(無)범죄 증명 서류'가 필요한데, 대사관의 말을 빌리자면 이곳에서 비자를 받고 생활하는 한국인들은 '청정 1급수 한국인'이라고 불리여도 손색이 없다고 한다.

왜냐하면, 비자를 받았다는 말은 안정된 직장과 적지 않은 월급, 거기에 깨끗한 신원증명까지 확인된 터라, 다른 나라의 교민사회에 비해 사건 사고가 거의 없는 그야말로 청정사회라고 한다는 것이다.

그렇다면, 이곳에는 어떠한 종류의 한국사람들이 살고 있을까?

먼저 크게 두 부류로 나뉜다. 적응된 사람과 적응 안 된 사람들.

이곳 생활에 금세 적응이 된 사람들은 구석구석 잘도 돌아다니고, 매사에 표정이 좋다. 한국에서 느끼지 못했던 여유로움과 현지 동유럽인들 친구도 만들어서 음식, 음악, 예술에도 관심을 가지면서 재미있게 살고 있다. 여행 코스나, 구석구석의 맛집 등을 찾아서 오히려 그 나라 사람들에게 가르쳐 주는 한국인도 있다.

반면 적응이 쉽지 않은 사람들은 매사에 불만투성이다.
말도 잘 안 통하고, 식당에서 주문을 늦게 받는다거나, 교통경찰이 동양인만 잡는 다거나, 은행이 불친절하다고 느낀다. 해당자가 일하는 남자라면 그래도 어쩔 수 없이 직장 일을 해야 하지만, 만약 전업주부라면 온 가족이 적응이 어렵다. 심한 경우에 역(逆)기러기 가족을 하는 가정도 있다. 부인과 아이들은 한국으로, 남편은 이곳 동유럽에….

그럼 본격적으로 한국인들의 상황에 대해 알아보자면.
대기업 주재원, 협력사 주재원, 현지 채용 한국인, 자영업자, 전문직, 학생 및 기타 등으로 나눌 수 있겠다.
맨 앞에 나온 대기업 주재원이 좋고, 맨 마지막의 기타가 나쁘다는 선입견을 버리기 바란다.
무조건 순위를 매기고, 좋고 나쁘다는 것으로 판단하지 마시기를….

우선으로 대기업 주재원들의 상황을 살펴보면, 대기업의 기준이 뭔가? 매출액, 종업원 수, 이익 순위 뭐 이러한 기준이라기 보다는 그저 경험상 느끼는 이미지다.
돈 많이 벌고, 언론에 자주 나오고, 학생들이 취업하고 싶은 그런 회사들.
삼성, 현대, 기아 SK, LG, 한화 등이 언론에 자주 나온다. 올해 얼마를 벌었다느니, 경영권 승계로 무슨 문제가 있다느니, 신규직원 몇 명을 채용한다느니 하는….

삼성전자는 슬로바키아와 헝가리, 폴란드에, 현대자동차와 현대모비스는 체코와 슬로바키아에, 기아자동차는 슬로바키아에, 한국타이어는 헝가리에, 그리고 제일모직도 헝가리에 생산법인을 운영하고 있다.

주재원이란 한국 본사에서 국외법인으로 정해진 년 수만큼 장기파견 근무를 나가는 것인데, 단순히 일한다는 것 이상으로, 막중한 회사 업무와 책임감과 규율을 온몸에 휘감고 일을 하고 있다. 이들 기업의 한국 본사에서도 2~8주 정도의 시간을 들여, 신임 주재원들과 그들의 가족까지 주재원 교육에 투자하고 있다.

업무적인 것 이상으로, 언어교육과 현지적응 및 현지인들과의 관계 등도 주요한 내용이다.

각각의 기업 나름대로 전통과 회사 분위기가 있기 마련인지라, 외부에서는 알지 못하는 독특한 무언가가 있다. 각각의 조직문화에 따라 회사 이외의 모든 것에 대해 조심조심하며 생활하고 있다는 느낌을 받는다.

이는 본인뿐 아니라, 가족들에게도 해당한다.

주재 기간 딴 생각하지 말고, 사고 치지 말고, 열심히 일이나 잘하고 돌아오라는 뜻이기도 하고….

주재원은 대기업을 대표하여 주재국에 파견되었고, 그 기업은 대한민국을 대표하는 공식이 성립되니, 대한민국을 대표하는 마음으로 세세한 내용과 아주 디테일 하게 규정을 정해 놓고, 그 규정을 지키고, 조직에 충성하는 마인드가 가장 중요한 것이다.

그러니, 수만 명의 한국 대기업 직원 중에 엄선에 또 엄선을 하여 선발된 사람들이다. 그만큼 업무 실적이나 인간적으로 고르고 또 고른 사람이라는 거다.

그렇게 고르고, 신중을 기해서 해외에 주재를 나와 대부분 무사히 본사로 귀임을 하지만, 주재 기간 동안 사고를 치거나, 가정적으로 문제가 생긴다면 회사 적응이 쉽지 않다.

실제로 불미스러운 일로 임기를 마치지 못하고 퇴사를 하거나, 중도에 스스로 포기를 하는 사람도 가끔 있다.

    이들의 주재 기간은 4~5년이다. 이 기간이 지나면, 본사로 복귀하거나 다른 나라 법인으로 이동한다. 결국은 일정 기간 잠시 머물렀다 가는 인생이다.
    문제는 이들이 돌아갈 곳은 다시 한국 본사이고, 주재 동안 평가가 좋아야 한국에 돌아가서도 좋은 자리가 있다는 것이다. 대기업이라고 해서 안정된 자리가 막연히 기다리는 것이 아닌, 이들 역시 처절한 생존경쟁에서 살아남아야 안정된 미래를 보장받을 수 있는 시스템이다.
    그래도 이들의 생활은 한국인 중에서 상대적으로 여유롭다.
    '억울하면 대기업 들어가서 주재 발령받으면 되지 않느냐?' 혹은 '대기업 다니는 해외주재원 남자 만나서 주재원 사모님 되면 되지 않느냐?'라는 우스갯소리도 있다.
    중요한 임무를 위해 회사에서 머나먼 곳으로 전근을 보낸 만큼, 거기에 합당한 대우를 해주기 때문이다. 급여와 복지혜택에서, 다른 협력업체와 비교를 할 수 없을 정도이니, 따로 욕심부리지 않아도 우아하게 살 수 있다.
    그리고 보통, 비자나 주거 관련 등의 외국인들이 접근하기 쉽지 않은 업무를 위해 회사에 담당 직원을 따로 배치해 두어 이들이 자질구레하고 귀찮고 시간이 많이 소요되는 업무를 도와주고 있다.
    거주 비자를 신청한다거나 연장할 경우 혹은 이사를 할 경우, 부동산을 통해 집을 알아봐 준다거나 하는 중요한 일들을 해준다. 이 밖에도 자동차나, 자녀학교 관련한 일, 질병관리 같은 일도 도와준다.
    아무리 한국사람이 영어를 잘한다 할지라도, 현지인들끼리 같은 나라말로 소통하는 것이 더 빠르고 편하므로 충분히 활용하고 있다.

    수도와 멀리 떨어져 있는 지방의 대기업들은 주말부부를 하고 있다. 가족이 사는 대도시까지는 당일 출퇴근이 어려운 거리이니, 이 머나먼 곳까지 와서 주말부부를 하고 있다. 아이들 국제학교는 주로 수도나 대도시에 위치하고, 아빠들이 일하는 생산공장들은 주로 중소도시에 있기 때문이다.

남편들은 주중에는 회사기숙사에서 머물면서 일을 하고 있으니, 그 주변으로는 남자들만의 또 다른 문화를 형성되고 있다.

가끔은 주말부부 예찬론자들도 만날 수 있다. 일주일 만에 만나는 부부는 그만큼 애틋하다나….

한국의 웬만한 일간지에도 소개되었듯이, 기아자동차의 경우에는 수도 브라티슬라바 주변에 아파트단지를 따로 건설해서 주재원 가족 아파트 단지를 만들었고, 주재원 가족들은 같은 단지 내에서 함께 살고 있다.

최 부장님네 가족과 박 상무님네 가족과 김 과장네 가족이 같은 아파트에서 생활하고 있는 것이다.

몇 년 전 김남주가 나오는 TV 드라마 '내조의 여왕'과 같은 상황이다.

귀임 날짜가 다가오면, 여러 가지로 바쁘다.

한국에 돌아가서 아파트도 구해야 하고, 아이들 전학준비도 해야 한다. 몇 년간 정들었던 곳을 떠나면서 짐이 많이 늘었다고 문득 느낀다. 버릴 거 버리고, 버리자니 아깝고 가져가자니 부담되는 것들은 주변 친하게 지냈던 사람들에게 나눠 주기도 한다.

나도, 골프 트롤리, 소형 김치냉장고, 초등학생 동화책 등을 잘 받아서 쓰고 있다.

그동안 알고 지냈던 한국인들, 현지인 외국인들과도 송별회도 치른다.

또한, 이곳 학기는 9월에 시작해서 6월에 마치기 때문에 자녀들 학교 일정 맞추는 것도 여간 신경 쓰이는 게 아니다.

그래서 타이밍이 맞지 않으면 가끔은 아빠만 먼저 한국에 복귀하고, 엄마와 자녀들은 몇 개월 후에 학기 마치고 나중에 한국으로 들어가기도 한다.

어쩔 수 없는 기러기 가족이 된 것이다.

혹시 '현채한국인'이라는 말을 들어본 적이 있는가?

현지에서 채용한 한국인이라는 뜻인데, 대기업 국외법인에서 처음 생겨난 말이다.

대기업 국외법인에서는 위에 소개한 주재원들이 인사권과 자금권한을 가지고 있다. 고로 부서의 최고 관리자로서의 업무를 수행한다. 현지인(동유럽인)들은 중간 매니저부터 말단 사원까지 분포되어 있으며, 이들을 통해 회사가 돌아가게 하는 최고 책임자가 주재원이다.

한국에서야 위에서 업무 지시를 하면, 조직원들이 알아서, 열심히, 늦게까지, 행복하게(?), 책임감을 가지고 마무리를 하지만 여기는 그런 마인드가 좀 덜하다.

퇴근 시간이 되면, 가능한 눈치 안 보고 퇴근한다. 어떤 경우는 매니저 승진을 시켜줘도 거부한다. 매니저가 되면 아무래도 퇴근 시간도 늦어 귀가시간이 늦어지니, 그건 좀 곤란하다는 이유다.

또한, 동유럽 현지직원들은 한국말을 모르고, 주재원들은 현지언어를 몰라 서로 영어로 의사소통하는데, 이게 생각보다 영 순탄치 않다.

한국인 관리자가 현지인 직원들을 데리고 1~2시간 동안 열심히 미팅하고 웃고 헤어져서는 바로 뒤돌아서서 엉뚱한 소리를 하기가 일쑤이다. 같은 단어를 가지고도 서로 받아들이는 정서가 다르기 때문이다. 같은 말을 쓰는 한국사람 끼리도 오해하곤 하는데 당연하다.

여기서 한 가지 중요한 것은, 슬로바키아 법인이든, 헝가리 법인이든, 체코법인이든, 폴란드법인이든 한국사람들과 현지직원들 사이의 언어는 영어라는 점이다.

당연하다. 슬로바키아어, 헝가리어, 체코어, 폴란드어로 현지인처럼 일할 수 있는 한국사람은 대한민국에서 몇 명 안 된다.

바로 이때, 주재원들과 현지인들 사이의 코디네이터 역할과 주재원들의 업무지원을 위해 만들어진 것이 '현채한국인'이라는 개념이다.

보통은 해당 국가에 사는 현지 언어가 가능한 1.5세, 유학생, 이민자 등의 신분을 가진 한국인들을 채용하는 것이 이상적이다. 현지어와 영어를 잘하고, 동유럽 사정을 잘 알아 동유럽인들과 한국주재원들 사이의 빈틈을 메워 주는 일을 할 수 있는 경력자라면 정말 금상첨화이다.

이들은 통역, 인사, 총무 등의 General한 일도 가능하고, 재무, 구매, 제조, 품질 등의 전문적인 부서의 요소요소에서 윤활유 같은 역할을 할 것이기 때문이다.

영어와 현지어로 섞어가면 그만큼 의사전달이 잘된다. 기본적인 업무상식을 바탕으로 하는 말이기 때문에 어렵고 수준 높은 단어보다는 기본적인 단어로 의사전달이 가능하다.

하지만 이 동네는 서유럽이나 미국, 캐나다처럼 유학생이나 이민자가 거의 없는 실정이다.

따라서 현지어가 가능한 한국인이 거의 없다.

물론 식당에서 주문하고, 이웃집 할머니와 담소를 나눌 정도 수준인 사람들이야 몇 있다. 하지만 업무로 들어가면 이야기는 달라진다. 가끔, 한국외국어대학교 동유럽어 전공인 유학생들이나 졸업자들이 학업이나, 연구목적으로 왔다가 채용되는 경우도 있지만, 대부분 금방 퇴사를 하는 편이고 남아있는 사람은 소수에 지나지 않는다. 현지 언어보다는 영어, 업무경험과 조직 적응력이 더 중요하다.

현채한국인 중에는 위에서 말한 코디네이터 역할을 하는 사람이 있는 반면, 대기업 주재원을 대신하는 능력 있는 사람들도 있다. 주재원이 귀임할 때 후임 주재원을 보내지 않고, 능력 있는 현채한국인을 승진시키는 것이다.

무엇보다 이들의 비용은 주재원들보다 아주 저렴하다.

위에서 말했듯이, 기업에서는 주재원 한 명을 파견 보낼 경우에 복지혜택(주택, 차량, 교육비, 비용 등)과 각종 수당 등으로 적지 않은 비용을 쓰게 된다.

이에 비해, 보통 현채한국인들은 급여와 주택 지원을 받는 것이 보통이다.

각 기업특성에 따라 직급과 경력에 따라 추가 지원하는 것이 약간 다르지만, 보통 이 정도에서 시작한다.

급여는 물론 주재원들보다는 못하지만, 현지인들보다는 대우를 잘해 주는 편이고, 세전 급여가 아닌 세후 급여로 세금 부담을 없애준다.

대신 한국 본사 소속 인력이 아니기에 어느 정도 한계가 있다.
현채한국인들의 소속은 한국 본사가 아니다. 현지 동유럽인들과 똑같이 현지법인 소속이다.
주재원들은 정해진 연수가 지나면 한국 본사로 귀임하고 돌아갈 곳이 있지만, 현채한국인들은 어떻게 든 살아남아야 한다.
삼성전자 슬로바키아법인 현채한국인은 한국의 '삼성전자' 직원이 아니라, '삼성전자 슬로바키아 법인'의 직원이라는 거다. 대신 이직이 자유로워 본인의 의지만 있다면, 원하는 나라에 살면서 직장 생활을 할 수 있다.
헝가리 삼성전자 판매법인에서 퇴사하고 독일의 판매법인으로 이직한 경우도 있고, 포르투갈 삼성전자 판매법인에서 근무 중에 같은 나라의 LG 전자 판매법인으로 직장을 갈아탄 현채한국인도 있다.
또한, 현채한국인 과장에서, 벨기에 글로벌 기업의 한국기업 담당 상무이사로 이직한 특이한 케이스도 있다.
어찌 되었든, 현채한국인은 현지인 즉, 로컬인력이다.
일부 뛰어난 능력 있는 사람을 제외하고는 대부분 일정한 시간이 지나면 자의든, 타의든 회사를 떠나게 된다.
인정받는 사람도 떠나고, 나가라고 은근히 눈치를 받는 사람도 떠난다. 한국으로 돌아가 재취업을 하는 경우도 있고, 계속 살던 곳에 살면서 협력업체로 재취업을 하는 경우도 적지 않다.
아주 가끔은, 회사를 차려 바로 사장이 되는 케이스도 있다.

Centrum, Bratislava, Slovakia

 최근들어, 모던한 숍들이 많이 들어서고 있는 브라티슬라바.
친절한 미소로 손님을 반기는 아르바이트 여학생에게 차한잔을 주문해 보자

기업에서 가장 중요한 것은 조직에 대한 충성심인데, 현채한국인들은 그 부분에서 완벽한 신뢰를 받지 못하는 것은 사실이다. 반면에 어떤 식으로든 충성심을 회사가 느꼈다면 승승장구하면서 회사 내에서 출세하는 기회는 반드시 있다.

대부분의 한국현채들은 조직에 대한 충성심과 재직 기간을 반비례하는 점을 발견했다.

이상하게 좀 오바한다 싶으면 금세 그만둔다.

조직에 대한 충성심이 크면 클수록 조직에 기대하는 바가 크지만, 조직은 조직의 특성상 현채한국인들의 기대에 충족시킬 수 없는 경우가 대부분이기 때문이다.

쉽게 말해서, 현채한국인은 '내가 이렇게 충성하고, 열심히 인데, 나를 인정해주고 조직에서 키워줘야 당연하지 않나…?' 라는 생각이고, 회사 측은 '충성하고 열심히 하니까, 정해진 월급 주고 데리고 있는 거지! 한국에서 온 주재원들이 우선이고, 그게 정해진 거다. 일할 만큼 열심히 일하고 떠나고 싶으면 떠나라.' 라는 생각일 것이다.

현채한국인 시절, 유럽 전역에 퍼져 있는 현채한국인들과 잦은 교류가 있었는데, 좀 불만이 많았던 친구가 있었다.

자신도 본사 주재원만큼 똑같이 일하지만 자신과 주재원의 처우가 많이 다르다는 것을 모르고 입사한 것도 아닌데, 생각이 좀 짧지 않나 싶다.

막상 같은 한국인으로서 함께 일하는데, 여러모로 대우가 워낙 차이가 크니, 이런 불만이 나올 수 있겠다고 이해는 한다.

이 역시 몇 가지 (일정 기간 후) 퇴사 이유 중의 하나이고, 이외에도 직속상관 주재원과의 갈등, 협력업체에서의 오퍼 등으로도 현채한국인들이 퇴사를 한다.

협력업체 주재원도 있다.

대기업 공장에 자재를 납품하거나, 물류, 창고 등 서비스를 공급하는 협력업체가 250 여개가 있다. 협력업체들 역시 한국에 본사가 있다. 가끔은 인도네시아, 중국, 미국 등에서 사업하는 한국인 오너가 이곳까지 진출하기도 한다.

아무튼, 이들도 주재원이다.

같은 협력업체라는 이름으로 이곳에서 생활하지만, 규모는 천차만별이다. 어떤 곳은 현지인 직원 수 1,500명에 한국인 주재원 10명으로 부품생산 공장을 운영되는 협력 회사도 있고, 어떤 곳은 현지인 1명에 한국인 1명으로 창고를 운영하는 협력업체도 있다.

그래도 법인장은 한국인으로서 각각 1명씩이다.

법인장이라는 말이 낯설 수도 있지만, 이곳에서 현지법인 사장 정도로 이해하면 되는 그냥 일상적인 단어이다.

이들 협력업체의 법인장들은 과거 관련 대기업 출신들이 꽤 있다.

그러니까, A대기업에서 부장으로 있던 사람이, 퇴사해서 A대기업의 협력업체 이사로 입사한다. 그리고 A대기업 국외법인의 협력업체 법인장으로 주재 발령을 받는 식이다.

협력업체 법인장 업무로써, A기업에 들어가서 인사하고 회의하고 하다 보면, 과거 자신이 부장이었을 때 부하직원이었던 과장, 차장들이 A기업 주재원으로 와 있다.

냉정하게 보면, 과거 부하직원이었던 과장, 차장 주재원들이 자신의 목줄을 쥐고 있다고도 볼 수도 있다.

하지만 뭐 그리 냉정하고 피도 눈물도 없는 그런 상황은 아니다. 적어도 밖에서 볼 땐 말이다.

대기업 경험자를 채용하는 경우는 기업 문화에도 익숙하고, 단가협상, 신규거래 등에서 기업 측의 핵심담당자와의 접근에서도 많은 도움이 되기 때문이다.

협력업체 주재원들은 근무연수는 대기업처럼 딱히 정해져 있지 않다. 회사 규정이야 있지만, 대기업보다는 엄격하지 않다.

예를 들어, 5년간 슬로바키아 대기업 생산법인의 협력업체에서 근무했던 영업담당 김 과장이 있다고 치자.

5년 동안 매일 같이 대기업 담당 주재원과 같은 업무를 했을 것이다. 때로는 욕도 먹고, 술도 마시고, 저녁도 먹고, 담배도 같이 피우고….

이제는 서로 척하면 척으로 상대가 무엇을 원하는지도 알아 업무가 완전히 익숙해졌다. 대기업의 담당 주재원이 귀임해서 다른 주재원이 오더라도 업무에는 전혀 하자가 없을 정도가 되었다.

대기업 주재원도 아쉬울 거 없고, 김 과장도 편하다.

회사 주재원 규정인 5년이 지났는데, 김 과장 본인이 한국으로 돌아가고 싶다고 하지 않는 한 굳이 한국으로 돌려보낼 필요가 없다. 남아서 계속 일을 하는 게, 본인도 좋고 회사에도 좋고, 대기업에도 좋은 것이다.

주위에도 10년 가까이 협력업체 주재원으로 사는 가족들이 몇 집 있다.

또한, 협력업체끼리도 경쟁업체가 있다. 대기업에 같은 자재를 납품하거나, 창고, 물류 등의 서비스를 제공하는 업체들이다.

어쩔 수 없다. 경쟁 관계 속에서 살아야 한다.

한국 식당이나, 골프장에서 만날 수 있고, 술자리에서 만나면 합석도 하게 되고…. 경쟁은 경쟁이고, 타국에서 사는 한국인이기에 서로 존중하는 것이다.

여기도 사람 사는 곳인지라, 일만 하고 살 수 없다.

회식도 하고, 술도 마시고, 한국에서 오는 손님도 맞아야하고, 휴가나 출장을 갈 때 비행기 표도 끊어야 한다.

동유럽에서 태어나서 배우고, 여기 말을 할 줄 알며 친구들이 있고, 현지 문화권 속에 동화되어 살고 있다면, 이곳 사람들처럼 살 수 있을 것이다.

하루 세 끼 동유럽 음식을 먹고, 동네 보드카를 마시며, 양배추 절임을 항상 입에 달고 살며, 식초로 절인 오이를 매 끼니 즐길 수 있을 것이다.

하지만 수십 년간 이상 한국에서 생활하다 갑자기 이 낯선 땅에 회사 일로 보내져서 우연히 살게 되는 한국사람들은 한순간에 현지인들 생활에 적응하기는 거의 불가능 하다.

본인 스스로 개척하기 위해 찾아온 곳이 아니기에, 어느 정도는 보상심리가 있다고 보면 된다.

그래서 이들을 위한, 몇 안 되기는 하지만 한국 식당, 한국 술집, 노래방 기계, 한국 호텔, 한국 여행사들이 자영업을 하고 있다.

한 가지 확실한 것은 아직 이 동유럽 4개국에는 퇴폐 영업을 하면서 성매매를 하는 한국 업소는 없으니, 참고하기 바란다.

그리고 이러한 한국인이 운영하는 업체들은 주로 개인이 이용하는 경우보다는 대부분이 회사 돈으로 사용되는 곳이다.

다시 말하면, 질 좀 떨어지더라도 싸게 만들어 파는 게 아닌, '고급스럽고 정성 들여 만들어 제값 받고 판매하는 게 이 동네 트렌드다.

한국인들이 운영하는 업종은 식당, 호텔·민박, 여행사, 한국 슈퍼마켓이 주를 이룬다.

(부다페스트, 프라하, 바르샤바에서 한국인 관광객을 상대로 하는 민박집은 해당 사항 없음)

이들 업체의 사장 또한 대기업 출신들이 있다. 주재원 혹은 장기 출장자로 나왔다가 인생의 큰 결정을 한 경우다.

대기업 주재원으로 일했던 당시에는 협력업체 한국 직원들과 법인장들의 소위 '갑'이라는 위치에서, 자영업체의 사장이 되는 순간 협력업체 말단 한국인 직원에게도 굽실거리면서 생업에 열중해야 하는 상황이 되는 것이다.

좋다 나쁘다가 아니라, 인생의 불확실성에 대한 존경과 경의의 표현을 돌려 말하는 거다.

여기서 잠깐 한국 레스토랑과 한국 호텔에 대해 부연설명 하자면, 이 동네의 한국식당은 대부분 한식과 일식이 주메뉴다. 확실한 점은 서유럽의 한국레스토랑과 비교해서 확실히 맛과 품질이 좋다고 느껴진다.

적어도 한국사람 입맛에는 말이다.

여러 가지 이유가 있겠지만, 나는 주 고객층의 차이라고 생각한다. 동유럽의 주방에는 대부분 한국사람이 직접 음식을 만들고 있다. 반면 파리, 비엔나, 런던 등 서유럽에서 가 보았던 한국 식당들의 주방에는 주로 보이는 사람들이 중국인, 히스패닉, 흑인 등이다. 무슨 인종 편견이나 이딴 거 이야기하는 게 아니다.

이 사람들이 만드는 음식은 한국인을 위한 맛이 아닌, 유럽인을 위한 맛이다. 혹은 한국에서 온 한 끼 때우러 온 단체관광객용이다.

주로 오는 고객들은 'Korean Restaurant'에 오는 유럽인이다. 이들의 입맛에 맞추기 위해 비싼 한식 요리사를 쓸 필요는 없을 것이다. 그저 레시피대로 조미료를 넣을 주방 인력이 필요했을 뿐일 것이다.

반면에 이곳의 동네 한국 식당(Korean Restaurant가 아니다)의 주 고객층은 한국사람들. 그것도 회식, 출장자 접대 등의 까다로운 한국 입맛을 가지고 있는 한국 직장인들과 그 가족들이다.

한번 왔다 가는 뜨내기 손님이 아닌, 최소한 몇 년은 꾸준히 얼굴을 보게 될 관계라는 점이다. 그러니, 유명 주방장이 아니더라도 한국인 주방장이 필요한 것이고, 하다못해 서울 상계동 뒷골목에서 치킨집 하던 분이 오시더라도 여기 입장에서는 '대단한 분'이 오신 것이 되는 것이다.

수도에 있는 한국레스토랑의 경우에는 현지 유럽인들의 왕래도 꽤 있는 편이다. 하지만 대기업 공장이 들어서 있는 지방 마을에 위치한 한국 민박(호텔)의 경우에는 가격도 그렇고, 음식 스타일도 동유럽인들이 일부러 찾아가서 먹을 만한 상황은 아니다.

주로 인당 가격을 붙여 풀코스로 식사가 이루어지기 때문이다.

회식이 있는 날이면 전화를 한다.

"사장님, 안녕하세요. 최 부장인데요."

"어유~ 오랜만이에요. 왜 이리 오랜만일까?"

"네 그동안 바빠서. 다름이 아니고 우리 오늘 10명 회식"

"메뉴는 뭐로 해 드릴까?"

"그냥 삼겹살하고, 일품요리 3종류로 해주세요."

"오늘 연어랑 새우 좋은데, 골뱅이도 있고….."

"네, 알아서 해주세요. 참 우리 법인장님이 계란찜 먹고 싶다는데 그건 서비스로 부탁해요."

"걱정하지 마시고, 몇 시에 오세요?"

"이따 6시 반 정도에 도착할 겁니다."

"네 감사합니다."

이런 대화로 분위기 좋게 예약이 되며, 회식 후에는 술과 음료값을 제외하고, 대략 600유로(90만 원) 정도가 청구된다.

소주는 약 병당 10유로(만 오천 원) 정도로 별도 계산되며, 물과 음료수도 병당 2유로(3천 원)씩 계산이 된다.

회식할 경우에는 가끔 동유럽 직원들을 단체로 데려가곤 한다. 비싼 돈 때문에 먹지 못했던 한국, 일본 음식들을 무식하게 먹어 대는 사람도 있지만, 포크로 제육볶음 한 점 먹더니 코를 잡고 인상 찌푸리는 예민한 사람도 있다.

지방 마을에 있는 한국 레스토랑은 레스토랑 자체만으로 운영하지 않는다. 보통은 호텔·민박과 함께 운영한다. 한국에서 온 출장자들은 빨래, 식사, 주말 놀 거리 등을 제공해 주는 한국 호텔을 선호한다. 시설은 호텔이지만 운영은 하숙 식으로 운영하기 때문에 숙박자의 입장에서는 정말 편하다.

다른 외국에서 비슷한 사업을 하다가 돈이 몰린다 싶어 여기서 사업을 시작한 경우도 많다. 한국업체가 경쟁 구조를 이루고 있는 상황에서 뭔가 다른 길을 모색 할 때 동유럽에 오는 경우가 있다.

이런 경우 경험이 있기 때문에 초기 세팅이 빠르고, 사업도 금세 정상궤도로 올라가는 경우가 많다. 반면 너무 쉽게 생각해서 몇 개월 못 버티고 도망치듯 떠난 사람들도 있다.

또한, 배우자가 동유럽인으로서 법인 설립, 비자, 부동산 관련으로 비교적 수월한 경우에 시작하기도 한다.

이들 모두 동유럽 한인사회의 주요 구성원으로서, 우리네 샐러리맨들 보다 베풀 것에 대해 자유로운 상황이다.

교민행사라도 하면 쿨하게 후원도 해주곤 한다.

이 밖에도 여행사, 인력파견업체, 건설사, 폐기물업체 등등의 자영업자들도 열심히 일하고 있다.

이러한 한국인들과는 달리 전문직으로써 동유럽에 와서 먹고 사는 사람들이 있다.

바로 변호사, 회계사, 은행원들이다.

이들은 모두 현지의 로펌, 회계법인, 은행에 소속되어 있어, 위에 말한 한국 기업과 한국 협력업체들의 창구 역할을 하는 영업업무가 주 업무다.

실상이 그렇다. 고객이 편하게 서비스를 받을 수 있도록 자신이 속해 있는 로펌, 회계법인, 은행과 고객의 사이를 연결해주는 고리 역할을 한다.

이들 역시 대부분 한국 브렌치에서 2~3년 정도 파견근무를 나온 것이기에 일정 시간이 지나면 다시 한국으로 복귀하기도 하고, 다른 나라의 빈자리로 이동한다.

혹은 이곳에서의 영업 능력을 인정받아 유럽의 모든 한국 기업을 담당하는 유럽 총괄장으로 이동하는 경우도 있었다.

법률, 세무, 금융과 관련된 일들을 하는지라, 나름 성공한 동유럽인들과의 교류가 흔한 편이다. 같이 있으면 평소에 듣지 못하는 이런저런 이야기도 듣고, 나름 유익한 시간이 되곤 한다. 또한, 함께 와인바에서 한잔하고 있으면, 이곳 정치인들과도 합석할 기회도 생기곤 한다.

재미있는 경험이다.

위에 언급한 기타이다.
기타라고 하면 대사관, 운동선수, 종교인, 장기 여행자, 백수 등등이다.
대사관에도 한국사람이 있다. 물론 당연하다. 한국대사관이니까. 대사, 영사, 참사, 공사, 서기관 등등이 대사관 업무를 수행하고 있고, 이곳에서도 현채 한국인이 존재한다.
가끔 대사관 홈페이지를 보면 인력 채용을 하는데, 영어, 동유럽 언어와 반공정신이 투철해야 지원자격을 주곤 한다. 한국에서 뽑아 데려오기도 하고, 이곳 동유럽에서 사는 유학생, 기존에 직장 다니던 사람들을 채용하기도 한다.
축구 선수나 핸드볼 선수 같은 운동선수들도 잠시 머물다 떠나가곤 한다.
그리고, 당연히 사람 사는 곳이니 종교가 빠질 수 없다.
한인 성당, 한인 교회가 있으니, 신부도 있고, 목사도 있고, 수녀도 있고, 선교사도 있다. 당연히 일요일이면 종교 활동을 통해 자연스레 커뮤니티가 형성되는 게 다른 해외교민 생활과 다르지 않다.

마지막으로 장기 여행자와 백수이다.
이 둘은 얼핏 보면 다른 말 같지만, 서로를 혼동하면서 같은 뜻으로 사용하기도 한다.
내가 이곳에서 백수 경험이 있었던지라, 그 마음 잘 안다.
나에게 일거리를 줄 사람 같으면 백수요, 백수이지만, 초라하게 보이기 싫은 상대에게는 우아하고 품나는 유럽 장기 여행자로 자신을 소개하곤 했다.
또, 다니던 회사를 그만두고 새로운 직장 혹은 개인사업을 준비하는 중간 시기를 거치는 사람들도 많다. 이런 분들은 금세 개인사업을 시작하거나, 다시 취업하게 되는 게 보통이다.

Karlova Ves FC, Bratislava, Slovakia

⭐ 브라티슬라바의 한 축구 클럽
자식들에 대한 관심은 어느 곳이나 다를 바 없어 보인다.

비자, 먹고 살기

이제 가장 중요한 문제인 비자와 먹고 사는 법을 소개하겠다.

여기 동그랗고 아주 커다란 원이 있다.
이 원은 아주 높은 성벽 모양을 하고 있어, 밖에서는 이 안에서 무슨 일이 벌어지는지 잘 알 수가 없다. 가끔 들리는 신문이나 인터넷 블로그에서의 내용으로 대충 짐작만 할 뿐이다.
그나마 관심도 없어, 무슨 일을 하든 상관을 하지 않는다.

그런데 이 안으로 들어오기만 하면 꽤 괜찮은 일상이 펼쳐진다.
이 안에 들어올 수만 있다면….

매일 열심히 할 일이 있으며, 회사 소속 직원이라면 다달이 월급이 나오거나 사업체를 운영한다면 크든 작든 일정한 수익이 발생한다.
또한, 여름, 부활절, 크리스마스 시즌이면 어김없이 휴가를 즐긴다. 아이들이 있으면 다달이 양육비가 은행계좌로 송금되며, 회사에서는 무료 점심 쿠폰이 나온다.
의료보험으로 거의 무료로 공공 의료시설을 이용할 수 있으며, 다른 유럽 나라에 볼일이 있을 때에도 자유롭게 이동할 수 있다.
여유가 된다면, 아파트나 자동차를 구매할 수도 있고, 아이들을 국제학교에 다니게 할 수도 있다. 하지만 공립학교는 무료이다. 그뿐 아니라 음악, 미술, 스포츠 등 예체능 과외도 월 몇만 원 정도로 가능하다. 주말에는 골프, 승마, 테니스 등등의 고급 스포츠들도 즐길 수 있으며, 오페라, 클래식, 발레 공연 등도 쉽게 관람할 수 있다.

퇴근 후 다운타운의 노천카페에서 동유럽산 맥주도 한잔 하면서 수백 년 된 건물의 풍경을 보는 것은 그냥 덤이다.

무엇보다도 이곳 유럽에 정착하고 싶다면, 그냥 이 생활을 5년 정도 즐기면 된다.

보통 5년이 지나면 영주권(퍼머넌트 레지던스 비자)를 발급하며, 이때부터는 슬로바키아에서는 슬로바키아 인과 동등한 권리를 가지며(선거, 피선거권제외) 다른 유럽국가에서도 거주 제한이 없다.

이후, 5년이 더 지나면 시민권(시티즌쉽) 신청이 가능하여, 여권을 발급받을 수 있다. 이때부터는 유럽의 다른 나라로의 취업·사업에도 아무 제한이 없다.

그렇다.
이 커다란 동그라미 안으로만 들어가면 된다.

원안으로만 들어가면 먹고 사는 법과 유럽이민이 저절로 해결된다. 위에서 말한 여러 종류의 한국인 중 백수와 장기 여행자를 제외한 모든 한국인이 커다란 원안에 들어와 있다.

안으로 들어오지 못하면, 적어도 유럽이민을 꿈꾸는 자에게는 명문대 출신이건, 자격증이 수십 개이건, 연예인이건, 외국어 서너 개를 유창하게 하건, 토익 점수가 만 점이건 아무런 소용이 없다.

대신, 원안으로 들어오기만 하면 모든 것이 해결된다. 여기에는 학력이나, 재산, 토익점수 등이 별로 중요하지 않다.

본인이 스스로 포기하지만 않는다면, 영주권 시민권은 시간이 지나면 저절로 해결된다. 그냥 아이 키우면서, 연애하면서, 즐기면서 살면 된다.

대신, 한국으로 돌아갈 여지나 무언가를 남겨두면, 실패할 확률이 높다. 돌아갈 곳이 없어야 현재를 버틸 수 있고, 버텨야 현재를 즐길 힘이 생기기 때문이다.

처음에 말했듯이, 적어도 이 동유럽 4개국에서는 취업을 했다거나, 자영업체를 운영한다거나 했을 경우 비자발급에는 큰 문제가 없다. 서유럽 선진국처럼 반드시 대학을 나오지 않아도 되고, 몇 년 이상의 관련 업계 경력이나 수억 원의 재산 증명이 필요하지도 않다.

단순하게 다시 설명하자면….
취업을 하게 되면 먼저 정부로부터 워크퍼밋(노동허가)를 받아야 한다. 회사의 고용 계약서와 급여계약서와 개인증명서(최종학교 졸업장, 여권 등)로 슬로바키아 노동부로부터 일해도 좋다는 허가서를 받는 것이다.
워크퍼밋 발급은 보통 1개월이 걸리고, 해당 지역 노동부 오피스에서 연락이 올 때까지 기다린다.
워크퍼밋 발급이 완료되면, 현재 거주하고 있는 아파트-주택의 임대계약서, 의료보험증, 무범죄증명서와 함께 다시 외국인 오피스에 거주증 신청을 한다. 기간은 약 1~2개월 소요된다.
우리가 보통 말하는 '비자를 받는다.'라는 말은 이 거주증을 받는다는 말이다. 내가 처음 신청했던 2004년의 경우에는 7개월이 소요되었는데, 최근에는 많이 단축되어 늦어도 2~3개월이면 완료가 되는 상황이다.
가끔 '비자가 있어야 집을 빌릴 수 있다.' 라고 하는 이상한 소리가 있는데, 쿨하게 무시하자. 집을 빌린 후, 계약서를 가지고 비자를 받을 수 있다.
폴란드, 체코, 헝가리도 비슷하다.

취업이 아닌 사업체를 차리는 경우도 있다.
우선 회사설립을 해야 한다. 회사설립은 영주권 소지자와 그렇지 않은 경우에 약간 다르다. 영주권 소지자의 경우, 회사 이름을 정한 후, 거주증과 사무실

주소지 소유주 등기부 등본과 함께 신청하면 약 2~3주 후에 회사 등록을 마칠 수 있다.

직접 진행해도 되지만, 까다로운 공무원들의 행정처리 때문에 보통은 대행 서비스를 이용한다. 언어적은 문제와 동유럽 특유의 관습적인 문제로 일일이 뛰어다니는 것과 비교하면 더 경제적이다.

자본금 같은 것도 대행업체에서 알아서 다 처리해 준다.

이곳에서는 돈 아낀다고, 무조건 발품 팔아 뛰어다니는 것보다 시간적, 금전적 상관관계를 잘 따져, 대행서비스를 이용하는 게 현명하다. 어차피, 나중에 따져보면 비용은 비슷하다. 결국엔 시간만 더 허비한 경우가 발생한다.

비자 없이 회사설립을 하는 경우에는 위의 내용보다 당연히 비용이 더 필요하다. 서류도 추가로 필요하고, 기간도 약간 더 걸린다. 보통은 변호사, 회계법인을 통하여 대행하고 있으며, 회사설립과 비자 취득 서비스까지 겸하고 있다.

혹은 직접 현지 브로커를 통하여 회사 설립을 할 수도 있다.

이 경우에는 경험 있는 한국인으로부터 소개를 받아 진행하는 것이 좋으며, 원활한 소통이 쉽지 않기에, 수백 번 꼼꼼히 확인하면서 진행해야 한다. 나중에 이런저런 이유로 추가 요금을 요구할 수 있기 때문이다.

어찌 되었든, '비자(거주증)'와 '먹고사는 것'은 하나의 꾸러미에서 움직인다고 보면 된다.

앞서 말했듯이 이 동유럽 4개국에는 한국의 대기업들이 생산공장을 운영하고 있고, 그에 따른 1차, 2차, 3차 협력업체 등과 자영업체 등 수백 개의 크고 작은 한국회사들이 서로 톱니바퀴가 맞물려 돌아가듯이 굴러가고 있다.

협력업체 중에는 한국 회사가 아닌 동유럽회사들도 상당수 있으며, 이 수많은 한국 직장인과 그들의 가족들이 이용하는 병원, 식당, 술집, 자동차, 주유소, 부동산, 국제학교, 벌금, 택시 등의 일을 하는 동유럽인들도 한국인들과 함께 하나의 작은 사회를 이루고 있다.

위의 내용을 이해한다면, 본인 스스로 틈새를 쉽게 발견할 수 있을 것이다.

한국에서 생각할 수 있는 것들은 한계가 있다. 직접 눈으로 보고 일정 기간 지낼 볼 수 있다면 금상첨화다.

이곳에 사는 사람들도 무언가 장사 아이템을 여러 개 가지고 있지만, 당장 회사에서 나오는 월급을 포기할 수 없어, 고민만 하고 있다. 그중에는 한국의 지인을 불러 시도하려고 하지만, 한국에 있는 사람은 도저히 이해를 못 한다.

'혹시 사기당하는 거 아냐…?'

다시 한 번 본인 스스로 머리를 굴려 곰곰이 생각해 보고 자신을 냉정하게 돌아보라.

1. 정말 유럽에서 살고 싶어하는가?
2. 이곳에서 최소 5년은 버틸 자신이 있는가?
3. 내가 잘하는 것이 있는가?
4. 내가 좋아하는 것이 있는가?
5. 건강한가?
6. 적극적으로 행동할 수 있는가?
7. 한국에서의 삶이 행복하지 않은가?
8. 욕심을 부리지 않을 자신이 있는가?

이 정도의 물음에 답을 할 수 있다면 이제 실천에 옮기는 일만 남았다.

우선 이 동네의 구조를 잘 이해하는 게 첫 번째 과정이다.

원안에서 어떤 일들이 벌어지고 있는지 알아야 한다는 말이다. 이 동유럽에 있는 현대자동차, 삼성전자, 기아자동차의 공장은 자동차와 TV를 만드는 일명 '생산법인'이다.

자동차나 TV를 만들어서 소비자에게 직접 파는 회사는 아니다. 열심히 만들어서 같은 기업의 '판매법인'이라는 곳에 판매한다.

현대자동차 체코 공장은 자동차를 만들어서 역시 유럽 국가별로 있는 '현대자동차 판매법인'에게 판매하고, 그 판매법인은 도매상·대형딜러에게 판매하는 식이다. 삼성전자, 기아자동차 모두 마찬가지 구조다.

그러니까, 개개인이 삼성전자 슬로바키아 TV 공장에 가서 사려고 해도 살 수 없고, 삼성전자 폴란드 가전 공장에 가서 냉장고, 세탁기를 살 수 없다는 뜻이다.

TV를 제조하는 대기업 생산법인에서 TV를 만들기 위해서는 액정화면 ('Panel'이라고 한다.)과 회로 부품들 그리고 외관을 만드는 플라스틱 재질, 철판 재질, 포장지, 매뉴얼, 악세사리 등등 수많은 종류의 재료들이 필요하다.

또한, 가전제품과 타이어를 만드는 생산법인들도 마찬가지이다. 자동차의 경우에는 그 구조가 훨씬 크고 복잡하다.

협력업체는 이런 수많은 자재를 대기업에 팔아야 한다.

한국, 중국, 동남아시아에 있는 공장에서 만들어서 팔든, 동유럽에 있는 대기업 공장 주변에서 만들어서 팔든 무조건 팔아야 한다. 그래야 먹고 산다.

협력업체는 이러한 재료들을 납품하기 위해 대기업 공장 주변에 공장을 만들거나 대형 창고를 운영한다. 이곳에서 만들 수 있는 것은 직접 만들어서 공급하며, 만들 수 없는 것은 한국 및 중국에 있는 자신들의 공장에서 만들어 이곳으로 운반한다.

협력업체의 규모도 상당하다. 특히 자동차 협력사일 경우에는 더 그렇다. 보통 이들 회사는 지방에 있기 때문에, 그 지역을 대표하는 회사로 인식되고 있을 정도이다.

인구 5,000명의 지방 소도시에 있는 한국 협력업체의 종업원이 500명이라면, 그 지역의 모든 사람이 적어도 한 집에 한 명은 한국회사 에서 일을 하는 셈이 된다.

협력업체의 경쟁업체가 와 있는 경우도 있다.

TV를 만들 때 필요한 A라는 원자재를 납품하기 위해 2~4개의 협력업체가 이곳에서도 경쟁을 하고 있다는 말이다. 그래야 서비스도 좋아지고, 가격 경쟁력도 생기기 마련이다.

자동차도 역시 규모만 클 뿐 상황은 같다. 자동차의 규모는 전자 회사의 4배라고 보면 된다.

그러니까 한국산 TV, 자동차를 만들기 위해 하나의 사회가 형성되어 있으며, 한국인이라는 이유 하나만으로도 경쟁력을 가지게 된다는 말이다.

이제 내가 말한 커다란 원 안으로 들어오기 위해 행동으로 움직여야 한다.

TV, 자동차에 대해 잘 몰라도 상관없다.

그냥 당신의 의지만 필요하다. 어떠한 직종이라도 이곳에서는 반드시 필요하다. 누가 먼저 꼼꼼히 준비해서, 먼저 시작하느냐, 그리고 성실하게 운영하느냐에 달려 있다.

나는 한 번쯤 인생에 모험이 필요하다고 생각한다. 기분 전환에도 좋고 모험을 마치고 난 후에 결과와 상관없이 무언가 성취했다는 뿌듯한 마음이 들 것이다. 물론, 자신의 히스토리에 한 줄 추가되었다는 것은 두말할 필요도 없다. 토익 점수 몇 점 더 받는다거나, 어디서 표창장 받은 것 이상으로 인생에 도움이 된다.

훗날 나이가 먹어서 젊은 시절을 돌아보았을 때, 뿌듯한 마음으로 늙어 갈수도 있을 것이다.

막말로 토익 점수, 토플 점수, 자격증 몇 개 더 따는 건 사실 실제 사회생활에 별 도움이 안 된다. 누가, 무슨 근거로 이러한 분위기를 만들었는지 참 궁금하다. 토익 점수, 자격증 없이도 모두들 잘 먹고 잘살고 있으니, 이런 것 때문에 더 중요한 것들을 포기하지 말라는 말이다.

일단 처음에는 무조건 사전답사 여행이 필요하다. 짧으면 한 달, 길면 3개월 동안은 실습이 필요하다.

비행기 타고 이곳에 무조건 와야 한다. 와서 보고, 느껴야 내가 뭘 해서 먹고 살 수 있을지, 대략적으로라도 감이 잡힌다.
　한국에서 이주공사 사무실에 매일 들락거리고, 인터넷 카페의 글을 읽어 보고 질문해봐야, 뭐 별 뾰족한 수가 없다. 다 그게 그거고, 쓸만한 내용이 없다.
　실천하지 않은 정보는 그냥 거품일 뿐이다. 또한, 제대로 된 경험이나 정보를 가지고 있는 사람들은 이러한 정보를 공유하지 않는다. 바빠서 공유할 시간이 없거나, 자신들이 알고 있는 내용이 다른 사람에게 얼마나 도움이 되는지 미처 깨닫지 못하기 때문이다.

　어쨌든 시간을 만들자.
　다니던 회사에 휴가를 내든, 과감하게 사표를 내 던지고 나오든 간에…….
　백수나 자영업을 준비하는 사람이었다면 시간적 여유가 더 있을 것이다.

　그리고 돈이 필요하다.
　비행기 값도 필요하고, 여기 머무는 동안 먹고, 자고, 쓰고 할 돈도 필요하다. 그건 본인들이 알아서 하시라. 그 돈이 아깝다면, 할 말이 없다. 그래 봐야 이주공사에 내는 수수료의 몇십 분의 일 정도이다.
　혹시 모르니, 떠나기 전에 한글·영문 이력서와 자기소개서를 준비하도록 한다. 그리고 나름대로 경험치를 고려하여 장사 아이템들도 정리해서, 실상을 비교해 보면 좋다. 회사마다 사람을 뽑을 때 기준이 있을 것이다. 물론이다. 하지만 한가지 반드시 지켜져야 할 것이 있다. 바로 일관성이다.
　회계, 법, 금융 등 전문분야가 있는 사람이 아닌, 일반적인 사람을 예로 든 것이다.
　특별히 내세울 만한 전문분야도 없고, 이거 조금 저거 조금씩 해 봤고…….
이런 사람들이 대부분일 거라는 생각이지만 아무튼 이 경우, 여러 가지를 잘하는 다재다능한 사람이라는 것을 어필하기 보다는 한 가지 일을 잘한다는 것을 강조할 필요가 있다.
　자신의 과거를 잘 정리해서, 가장 굵은 줄기를 택한 후 나머지는 과감하게 버리는 것이다. 예를 들어, 금융 회사에서도 일했다가, 사업도 했다가, 건설 회사에서도 일했다가 전산 교육도 받았다가, 그래픽 교육도 이수한 경우 자신이 가장 경쟁력이 있다고 생각되는 업무를 하나 정하고, 나머지는 언급하지 않는 것이 좋다.

혹은 취미 특기의 형식을 빌려, 간단하게 언급하는 정도면 좋다.

가장 안 좋은 케이스는 과거 이직 경력이 전혀 분야가 다른 곳으로 이직을 했을 경우이고, 경력과 전혀 다른 교육을 이수했거나, 재직 기간이 짧은 것은 믿음이 안 간다.

그러니 이력서뿐 아니라, 자격증, 외국어 점수 등 각종 증명서 사본도 미리 준비해 놓으면 좋다.

인연이 닿아서 사전답사 여행 중에 인터뷰를 볼 수도 있기 때문이다. 한국 회사가 아닌 동유럽 회사와의 인연이 생길 수 있으니, 이것 또한 영문본으로 준비해 두자. 물론 이건 기본적인 영어가 가능하다는 전제이다.

아일랜드에서 1년간 우리 집에서 함께 살았었던 여학생이 다시 슬로바키아로 여행을 왔었다. 대학원 졸업반인 그녀는 금융 관련 일을 하는 것으로 진로를 정했고, 여행 온 김에 은행, 회계법인 쪽으로 몇 군데 이력서를 넣고 면접을 보았다. 입사하면 이곳에서 회사를 대표로 한국·아시아 데스크 담당으로 활용할 계획이었다.

하지만 결과는 모두 탈락이었다. 회사 쪽에 물어보니, 회사에 오래 다닐 생각이 없어 보였다고 했다.

적극성이 조금 없어 보였던 것이 아쉬웠다.

우선 체코, 슬로바키아, 폴란드, 헝가리 4개 나라를 모두 둘러볼 계획을 잡아라.

전체 일정을 잡고 왕복 티켓을 구매하면 된다. 그럼, 출발하는 날짜와 돌아오는 날짜가 확실해졌다. 입국심사에도 전혀 문제가 없다. 이곳에서 나라와 나라 사이에 움직이는 것은 기차나 비행기로 이동하면 된다. 오히려 비행기 가격이 더 저렴할 수도 있다. 라이언 에어, 이지젯, 다뉴브에어 등의 저가 항공사들이 많으니, 예약만 잘하면 왕복 요금이 5만 원도 안 되는 경우도 있다.

회사들이 모여 있는 곳은 주로 지방이다. 수도에서 차로 30~40분 정도의 지방도 있고, 지방 자체가 하나의 거대 도시인 경우도 있다.

무조건 한 번씩은 가 본다는 마음으로 발자국을 찍으며 돌아다녀라. 처음이라 아는 사람도 없고, 말도 안 통하고 내가 이 짓을 왜 하고 있나, 하는 생각이 들 것이다. 적어도 유럽에 이민을 생각하고 있다면 여행하는 기분으로라도 부지런히 눈도장 찍고 다녀야 한다. 나중에 재산이 된다.

한국 회사들이 모여 있는 곳에 가면 한국 식당들이 있다. 규모가 있는 회사라면 사내에서 운영되지만, 규모가 작은 회사들을 위해서 운영하는 한국 식당도 시내나, 회사 주변 건물에 있다.

식당에서 점심도 한 끼 먹어 보자.

한국으로 치자면 한밭 집 정도 된다고 보면 좋다.

와이셔츠에 넥타이를 맨 눈이 초롱초롱한 청년, 작업복에 땀을 뻘뻘 흘리며 들어오는 아저씨, 청바지에 티셔츠를 입고 투덜거리면서 들어오는 젊은 여자들….

저마다 업무 이야기, 한국 이야기, 휴가 이야기와 함께 밥을 먹고 있을 것이다.

주재원 아니면, 현채한국인일 수도 있고, 또 출장 온 사람일 수도 있다. 숙소를 잡을 때는 값이 좀 비싸더라도 한국 민박집 혹은 한국 호텔에서 머무는 일정도 잡아야 한다. 그래야 좀 더 다양한 이야기를 들을 수 있기 때문이다. 사장의 성격에 따라 허무맹랑한 무용담을 들을 수도 있지만, 모두 훌륭한 정보다.

또, 수도를 돌아보는 시간도 가져야 한다. 조그마한 가게 자리를 찾는다는 생각으로 다운타운, 주택가, 쇼핑몰 등을 돌아다녀 보자. 지나가는 예쁜 여자들과 잘생긴 남자들도 유심히 관찰하자. 어린이와 노인들도 예외가 아니다. 사람들이 어디에서 무엇에 돈을 쓰는지 관심을 가져 보자.

　3~4평짜리의 케밥 집에서는 대여섯 명이 줄을 서 있고, 주인아저씨는 왠지 터키사람처럼 가무잡잡한 피부에 능청스러운 웃음으로 손님을 맞는다.
　이내 대학생으로 보이는 젊은 여자가 케밥 버거 하나에 음료수 하나를 주문한다. 그러고는 10유로짜리 지폐를 내자 5유로짜리 지폐와 1유로짜리 동전을 거슬러 받는다. 그러고는 한 입 베어 물면서 어디론가 이내 바삐 걸어간다. 가만 보니, 한국의 햄버거와 비슷한 수준의 가격이다.

　이렇게 사전답사 여행을 마치고 오면, 다시 한 번 진지하고 고민해야 한다.

　정말 해볼 만한 짓인가?
　가슴이 두근거리면서 온몸에 신선한 피가 마구 돌아다니는 느낌인가?
　백수로 지내면서 생활할 약간의 돈이 있는가?
　후회하지 않을 자신이 있는가?
　'Yes'라는 생각이 든다면, 이제 확실해졌다.
　취업하건 자영업을 하건 간에 실천에 옮기면 된다.

　남들이 무모하게 보더라도 용감하게 다시 가방을 꾸려 떠나면 된다. 어렵게 지지리 궁상맞게 사는 사람들이 한국에 사는 것도 난 상당한 무모한 모험이라고 생각한다. 그것처럼 뻔한 스토리가 어디 있나?
　사전답사 여행을 총정리 하여 본인만의 스타일과 감각으로 과감하게 결정하면 된다.
　헝가리든, 폴란드든, 슬로바키아든…. 그리고 수도이건 지방 도시이건 간에 아무래도 좋다.
　결정하면 바로 출국 날짜를 잡고, 비행기 표를 끊어라.

대신 꼭 왕복티켓을 끊어라, 아직은 여행객이기 때문이다.

지금 이 글을 쓰는 이 순간에도 내가 알고 있는 한도 내에서만 5곳의 자리에서 사람을 찾고 있다. 내가 알고 있는 것만 5건이라는 이야기다.
슬로바키아 갈란타에서 일하고 있는 내가 알고 있는 것만 5건이라는 말은, 갈란타가 아닌 다른 도시와 슬로바키아가 아닌 다른 3개국에는 더 얼마나 많은 일자리에서 사람을 구하고 있을지 상상이 갈 것이다.

그러면 이 자리에 필요한 사람을 구하기 위해서 회사에서는 어떻게 할 것인가? 일단 주변 사람을 통해 알아볼 것이다.
우리 회사 누구누구가 그만두는데, 사람 좀 있으면 소개해달라고….
그런데 재미있는 사실은 이 나라들에는 한국인 백수가 없다는 점이다. 무언가 일을 하지 않으면 오지 않으니, 당연하다. 놀아도 무언가를 하고 있는 일이 있기도 하다.
그러다 보니 주로 다니던 직장을 관두고 옆 회사로 이직하거나, 옆 나라에 있는 한국인들도 인터뷰를 보러 왔다 갔다 하고 있다.
참으로 아이러니하다.
누군가는 취업하려고 안간힘을 쓰고, 누군가는 퇴사하려고 안간힘을 쓰고….
이와 동시에, 한국의 취업사이트에 의뢰한다. 이력서로 일정 부분 걸러 내고, 몇 명 인터뷰를 본다.
한국과 동유럽이라는 거리 때문에 인터뷰가 쉽지 않다.
슬로바키아에서 법인장이 한국으로 갈 수도 있고, 한국 본사에서 알아서 뽑아서 결정하기도 한다.
그렇게 어렵게 뽑아서 오게 돼도 신경 쓸 게 한둘이 아니다. 비자야 프로세스대로 진행해서 처리해 주지만, 집, 차량, 학교, 보험, 생활 등등 하나부터 열까지 다 챙겨 줘야 할 판이다. 어느 정도 적응이 돼야 가족들도 불러올 수 있다.

가족 중에 하나라도 적응하는 데 문제가 생긴다면 회사든 개인이든 손실이 여간 아닐 수 없다.

그런데 만약 당신이 이 주변에 있다면…?
사람 구한다는 소리를 듣고 적극적인 마음가짐 상태에서 인터뷰를 본다면…?

회사 : 정말 여기에 살고 있어요?
백수 : 저는 여기에 와이프, 아들과 살고 있습니다. 지금 현재 언어 공부도 하고 있고, 적응도 다 해서 지내는 데 전혀 불편함이 없습니다.
회사 : 보통사람이라면 미국이나 캐나다 호주 같은 나라에서 살고 싶을 텐데 왜 여기 동유럽이죠?
백수 : 그런 나라들은 이미 많은 한국인이 자리를 잡고 있고, 또 지금도 수많은 한국사람이 가고 있습니다. 굳이 저까지 가서 그 무리에 끼고 싶지는 않습니다. 개인적인 이야기이지만, 동유럽이 제 스타일과 맞습니다. 이곳에서 장기적으로 계획을 세우고 있는 상황입니다. 쉽게 이직을 하거나, 한국으로 돌아가지는 않을 것입니다. 그리고 혹시 의심이 갈 수도 있겠습니다. 한국에서 무슨 죄를 짓고 이곳에 와 있는 게 아닌가 하는…. 여기 이력서에 제 주민등록번호가 있습니다. 한국에 확인해보셔도 좋습니다.
회사 : 뭐 그런 것까지야…, 그의 업무적인 것은 따로 이야기하기로 하고….
백수 : 그리고 한 가지 부탁이 있습니다. 만약 저를 채용하지 않는다고 하면, 이곳 다른 업체에도 소개해 주시면 감사하겠습니다. 또 원하신다면 처음 3개월간은 월급을 받지 않고 일을 하겠습니다. 일하는 거 보고 결정하셔도 됩니다. 부탁 드립니다.

위의 대화는 2004년 나의 실제 대화 내용이다. 그러고는 바로 취업이 되었다.

Pizzaia, Piran, Slovenia

★ 이곳 한국인들의 주말여행지로 인기가 많은 슬로베니아 피자집의 요리사가 피자를 굽고 있다.

시간이 흘러 2014년이 되었지만, 지금 이 순간도 퇴사하는 한국사람들이 있고, 또 회사는 그 빈자리를 메우기 위해서 한국사람들을 찾는다. 이때, 바로 옆에, 이 동유럽에 적응한 채로 대기하고 있어야 한다는 이야기다.

한국에서 인터넷으로 입사지원을 한다 해도, 경쟁이 워낙 심해 웬만한 경쟁력이 없으면 면접조차 볼 기회가 쉽지 않다. 사람을 찾는 회사에 당장 가서 인터뷰를 볼 수 있어야 한다는 말이다.

처음 이곳에 머물게 될 경우에는 당장 수입이 없으니, 아파트는 아주 싼 것을 고르면 된다. 이곳의 한국사람들은 보통 1,000유로~2,500유로의 월세를 내고 살지만, 200유로짜리 하나 구해서 살면 된다.

나도 처음에 월 150유로짜리 보일러실에서 3식구가 지내보았는데, 꽤 운치 있고 살만했다.

'늙어서 와이프랑 할 이야기 많겠다'는 추억 만드는 기분으로 살다 보니 나름 재미있었다.

그리고는 종교 모임이라든가 운동 모임에도 참여해서 같은 공간에서 사는 사람이라는 것을 알림과 동시에 자신에 대해서 홍보를 해라. 지금 직장을 구하고 있고, 할 줄 아는 것이 무엇이 있으며. 좋아하는 것은 무엇 무엇이다.

대신 반드시 자신이 속해 있는 곳을 만들어야 한다. 그냥 '놀고 있으면서 일자리 알아보고 있습니다.'는 것은 사람으로 하여금 약간의 거리를 두게 한다.

가장 좋은 것이 어학교 등록이다. 대학 부설 어학교나 사설 어학교에 등록해서 현지어를 공부하면서 자신을 학생신분으로 소개하면 된다. 하지만 굳이 학생비자를 받을 필요는 없다. 나중에 취업이 되면 학생비자에서 취업비자로 바꾸는 게 더 복잡할 뿐이다.

3개월이 지나기 전에 Non EU 지역으로 놀러 갔다 오면 된다.

비자 문제로 크로아티아, 스위스, 우크라이나로 여행 겸해서 다녀오는 한국사람들 가끔 있다.

이상한 게 아니고, 그런 수고를 한다는 것을 말한다.

2박 3일 정도면 충분하다. 휴가도 즐기고 좋다.

입국할 때 국경에서 입국 스탬프를 받으면 된다. 처음 왔을 때 3개월이니 도중에 한번 갔다 오면 총 6개월이다. 6개월 안에는 수가 생기기 마련이다. 스스로 포기만 하지 않고 적극적이기만 하면, 6개월 안에 반드시 기회는 온다.

나도 그랬고, 주변에도 그랬다.

지금은 폴란드 남부 '글리비체(Gliwice)'의 한 한국기업에서 일을 하고 있는 두 아이의 아빠가 있다.

6년 전쯤인가? 모르는 전화번호로 전화가 왔다.

나를 한번 만나고 싶다는 웬 남자의 목소리 였고, 다음날 우리집으로 초대를 했다.

인터넷에서 전화번호를 알아 전화를 걸었고, 자신은 지금 슬로바키아의 브라티슬라바에서 어학교를 다니고 있다고 했다. 한국에서는 중장비 관련 일을 했었는데, 인터넷에서 내 이야기를 읽고 나서 동유럽으로 오게 되었다고 했다.

"유럽에서 새로운 인생을 시작하고 싶어서 한국에서의 모든 것을 정리하고, 일단 슬로바키아로 왔고, 어학교를 끊어 놓고 꾸준하게 교회와 축구모임에 참석해서 주변 회사에 나의 존재를 알리고 있습니다."

일요일에는 교회를 나가서 꾸준히 사람들에게 얼굴을 알렸고, 주중에는 기차를 타고 3시간 반이 걸리는 한국회사 밀집지역의 축구모임에 정기적으로 참석하고 있다고 했다.

그 만남이 있고 나서 한달 후쯤에 그 친구는 '질리나(Zilina)'에 있는 현대자동차의 계열사로 취직이 되었고, 지금은 폴란드의 한국기업으로 이직을 한 상태이다. 영주권도 받았고, 아이들도 슬로바키아어와 폴란드를 유창하게 구사한다.

이 친구가 처음 취직을 할 수 있었던 것은 '필요할 때에 바로 인터뷰를 볼 수 있었기 때문'이었다는 것은 두말할 나위 없는 사실이었다.

그 인연으로 지금도 폴란드로 가끔 출장을 가면 집에서 잠도 재워주고, 술도 한 잔씩 하면서 옛이야기를 하곤 한다.

"동섭씨는 내 은인이야. 동섭씨의 글이 아니었으면 난 이런 세상이 있는 줄도 몰랐어." 술이 한 두잔 들어가면 항상 내뱉는 멘트지만 기분은 나쁘지 않다.

또한, 자영업자 사장님들과 친분을 쌓아라.

여행사, 레스토랑, 호텔, 운송업체 등등을 운영하고 있는 분들인데 운 좋으면 정식 취업이 될 수도 있고, 아니면 아르바이트로 일자리를 부탁해라.

보통 사장들은 자질구레한 일 하기 싫어한다. 밑에서 믿을 만한 직원이 다 처리해주고, 본인은 기업 상대로 영업 위주의 고부가가치 일을 해야 하는 상황이다. 그래서 가끔은 처남, 조카, 사촌 동생들이 와서 일하는 경우도 있다.

대신 월급은 많이 줄 수 있는 상황은 아니다.

욕심을 버리고 자영업체 사장님들을 돕는 것도 한 방법일 수 있다.

처음은 미약하나, 한두 달 경험이 생기면 서서히 자신만의 보는 눈과 그동안 전혀 눈치채지 못했던 여러 가지 돈벌이와 살 궁리들이 눈에 들어올 것이다.

처음엔 잘 안 보인다. 당연하다. 천재도 아니고.

요리사를 예로 한 번 들어보자.

요리사라면 호텔에서 일했건, 동네 분식점에서 일했건, 캐터링 회사에서 급식 일을 했건 할 줄 아는 것은 주방일이다.

이곳에도 당연히 한국 레스토랑이 영업을 하고 있다. 장사가 잘되건, 잘 안 되건 간에 주방에서 음식을 만드는 사람이 있어야 한다.

이뿐 아니라, 회사 출장자들과 한국인들의 회식 장소로 이용되는 한국인 호텔·민박들도 있다. 주로 지방 쪽에 있는데, 어찌 된 것인지 그리 오래 못 버틴다. 아마도 그냥 돈 벌려고 이곳에 온 사람들이기 때문에 그런 것 같다.

인터넷으로 검색 하던가, 아니면 여행 삼아 직접 모든 한국 레스토랑을 돌아보아라. 그리고 그들에게 자신의 명함을 돌리고, 이곳(폴란드라면 폴란드, 체코라면 체코, 슬로바키아라면 슬로바키아)에서 정착할 계획이라고 어필해라. 사장들도 주방요리사들이 그만두는 것이 큰 골칫거리 중의 하나이다.

지금이 아니더라도 언젠가는 당신의 명함을 보고 연락할 수도 있을 것이다.

자금이 있다면, 직접 차려도 된다.

쉐프 오너의 경우 요리사가 그만둔다 해도 별 탈 없이 굴러갈 수가 있다. 새로 차리는 것은 허가, 인테리어 등에 많은 경험과 시간이 필요하다.

그래서, 보통은 기존의 가게를 인수한다.

브라티슬라바에는 두 곳의 한국 레스토랑이 있었다. 기존의 슬로바키아 식당을 인수하여 영업하고 있다. 하지만 그중 하나는 올 초에 문을 닫았다. 운영하던 사장의 개인 사정으로 옆 나라 오스트리아로 이사했기 때문이다.

지금도 빈 레스토랑으로 무언가 해볼까 하는 고민하는 사람들이 몇 있지만, 회사에 얽매여 있는 몸이라 그리 쉽게 결정을 하지 못하고 있다.

혹은 쇼핑몰의 작은 점포를 임대하는 것도 방법이다.

평일 점심시간과 주말에는 어느 쇼핑몰이건 사람들로 북적댄다. 중국 음식점은 대부분 모든 쇼핑몰에 최소 1개 이상은 들어와 있다고 보면 된다. 참으로 대단하다고밖에 표현할 수 없는 중국인이다.

한국 음식, 분식들도 잘 세팅해서 손쉽게 먹을 수 있게 한다면 충분히 승산이 있다고 생각한다. 불고기, 잡채, 제육볶음 등은 이제 어느 정도 검증이 된 메뉴들이다.

자금 사정이 여의치 않다면, 좀 용기가 필요하다.

현지 레스토랑 중 아시아 레스토랑을 찾아가서 문을 두드려라.

실제로 주변에 친하게 지내는 C씨는 다니던 물류 회사를 그만두어야 하는 상황이었다. 요리사 경력이 있었던 그는 시내의 베트남 사장이 운영하는 일식 레스토랑의 주방에 금세 취직이 되었다. 그 레스토랑도 한국인 요리사가 있으므로 메뉴의 다양화와 한국인 고객에 인해 매출에도 도움이 되었다.

당신도 예외가 아니다.
찾아가서 '내가 일을 하면, 한국인들이 찾아오게끔 따로 메뉴를 만들겠다'고 해라.
그리고 실제로 그렇게 해라.
이 경우 비자 발급 비용에 대해 협상이 필요하다.
자신이 주방에 들어옴으로써 한국인 손님이 늘어난다는 점을 충분히 어필하면서 협상을 이끌어 가면 된다.

다른 경우의 이야기로는, 얼마 전 비엔나에 사는 친구에게서 연락이 왔다. 한인성당에 새로운 부부가 나왔는데, 아는 동생이 비엔나에 유학생으로 있는 덕분에 비엔나로 장기 여행을 왔다고 한다.
나이는 30대 초중반 정도 부부의 실제는 단순 여행이 아닌, 유럽취업을 위한 여행이었던 것이다.
성당사람들의 수소문 덕인지, 그리고 절묘한 타이밍 덕인지 몰라도 이 낯선 부부는 슬로바키아의 자동차 관련 한국회사에 금새 취직이 되어 버렸다. 이력서를 보니 특별한 기술도 없었다. 자영업 경력이 전부였다.

위의 경우처럼 딱히 전문 분야가 없다고 실망할 필요는 없다.
할 줄 아는 게 없는 것도 큰 무기이다. 바꿔 말하면 뭐든지 할 수 있다는 말이 된다. 어설프게 할 줄 아는 것보다는 아예 할 줄 모르는 게 나을 수도 있다.
그래야 겸손한 마음으로 무슨 일이든 열심히 할 수 있기 때문이다.

얼마 전 친하게 지내는 한국 업체 법인장으로부터 사람을 구하고 있으니, 아는 사람 좀 추천해 달라고 부탁들 받았다.
보통 아래와 같은 내용으로 구한다. 특별한 전문가를 구하는 게 아니다.

1. 영어로 의사소통 가능한 자 (아주 잘하지 않아도 됨)
2. 신체 건강한 자
3. 장기 해외체류 가능한 자
4. 학창시절 서클 활동 참가자 또는 운영자
5. 적극적이고 긍정적인 자

이 정도 선에서 면접이 이루어진다. 나라도 이 정도에서 사람을 구할 것이다. 가만히 보면, 한국의 생활정보지에 나온 사기꾼이 내놓은 생활정보지의 구인광고 같다.

잘 짜인 다단계 판매 같은….

그러나, 주 5일 근무에 월급 약 500만 원, 자동차, 주택, 핸드폰 등의 지원으로 생활하는 데 아무 불편이 없는 조건이다.

그리고는 내가 운영하는 카페에 광고를 냈다. 그랬더니 바로 다음날 한국에서 웬 남자 하나가 전화가 와서, 자신을 꼭 추천해 달라며 부탁을 한다. 이외에도 몇몇 이력서가 메일로 도착해서, 업체 법인장에게 전달했다.

결국, 나에게 전화했던 그 친구가 입사를 했고 이곳에서 아이도 낳고 와이프도 취직을 해서 잘살고 있다.

이러한 구인광고 등은 밖에서 보면 잘 보이지 않는다.

자신이 할 줄 아는 게 없더라도 절대로 자책하지 마라. 그것은 당신 잘못이 아니기 때문이다. 그렇게 태어날 걸 어떻게 하겠나?

대신, 주변 상황에 조금 더 관심을 가지는 노력은 필요하다.

자기 자신을 과대, 과소평가하지 말고, 있는 그대로 홀딱 벗겨 냉정하게 평가하면 된다.

나 자신을 예로 들면, 나는 도무지 공부에 소질이 없었다.

머리가 나쁜 것 같다. 대신 몸으로 익히는 것이나, 사물을 섬세하게 표현하는 것에 대해서는 소질이 있는 것 같다.

문제는 이걸 30대 중반에서야 알게 되었다는 것이다. 그러니, 아무리 공부를 해도 안되고, 책상에 오래 앉아 있기가 쉽지 않다.

우연히 시작한 테니스가 이제 7년 차로 접어들어 이곳 한인 테니스 모임 회장도 맡고 있다.

한 가지 작은 바람으로 서브만큼은 그 누구도 넘볼 수 없게 만들고 싶고, 테니스 심판도 할 계획을 세우고 있다. 그냥 작은 기쁨이다. 남들 공부하고 유학 간다고 따라서 하지 않은 게 천만다행이다.

취직하기가 쉽지 않은 사람일 수도 있다.

나이가 30대 중반 이상인데 재무, 구매, 회계, 품질 등의 제조기업에서 필요한 경험이 없는 경우에는 처음부터 장사를 목표로 준비하는 것이 나을 것이다.

한국 분식점, 잡화점, 민박집, 용달 서비스, 세차 서비스 등등 이곳에서 약간의 경험을 통해 아이템을 잡을 수 있다.

단기 거주증을 받고, 그래서 이 원 안으로 들어와야 비로소 이민이 시작된다.

또, 마음이 약해지는 상황도 있다.

위의 경우처럼 가끔 구인 정보가 생길 경우 내가 소개해주겠노라며 그동안 나에게 유럽 이민을 진지하게 상담했던 한국의 동생들에게 연락했다.

그런데 쉽지 않다.

막상 이런 연락을 구체적으로 실천하다 보면, 하나둘씩 발을 빼게 된다.

'지금 몇 군데 면접을 보느라'고, '다음 달에 동생 결혼식'이라고, '요즘 생각하는 게 있어서' 등등……. 망설이고 왠지 두려워한다. 줘도 못 먹는다. 아니, 인연이 아닌가 보다. 정말 간절히 원하지 않았나 보다….라고 생각한다.

사람이 놀면 더 바쁘다. 만날 사람도 많고, 하고 싶은 것도 많고, 먹고 싶은 것도 많다. 문제는 돈이지만, 돈을 벌겠다고 맘을 먹으면 많든 적든 돈은 벌려지게 되어있다.

한 예로, 2004년 기아자동차 공장이 있는 슬로바키아 질리나에서 6개월간 백수로 생활하면서 가끔은 장기 여행자로 스스로 생각했던 시절.

푼돈이라도 벌어야겠다고 생각했을 때, 다음 카페에 광고를 냈다. 질리나의 유일한 한국 민박집이며 가격은 30유로라고….

지금이야 기업형 민박집이 여러 개 있어 하루에 70~100유로 정도씩 받곤 하지만, 당시 2004년에는 기아자동차가 외곽에 공장용지만 확보해 놓은 상태였다.

그냥 공장 터만 허허벌판으로 있던 시절이었고, 기아자동차 주재원 선발대들은 인근 호텔에서 현지 음식으로 버티던 시절이었다.

거짓말처럼 손님이 왔다. 재미있는 건 당시 살던 아파트는 방 1개와 거실이 전부였다. 거실에 자겠느냐고 했더니 당연하다고 했다. 대신 식사로 닭볶음, 계란말이, 김치찌개를 해주었다. 매우 고마워하면서 평생 잊지 못할 것 같다고 했다.

얼마 전 친하게 지내던 질리나의 한국인이 회사를 그만두었다.

아무래도 직장 스타일이 맞지 않았었는지 한참 고민 끝에 사직서를 내고 퇴사를 해 버렸다. 다행히, 거주기간 5년이 넘어 영주권을 막 받았던 참이라, 비자 걱정은 없었다.

이 친구 요즘 치킨을 팔고 있다. 한국말로 양념치킨을 배달 판매하고 있다는 것이다. 아무도 시작하지 않은 치킨 배달을 하더니, 공항 픽업 서비스도 한다. 한국에서 막 도착한 회사 출장자들에게는 말 안 통하는 슬로바키아 운전사보다는 말 통하는 한국사람이 이런저런 이야기 해주는 편이 더 안심될 것이다. 거기에 손맛 좋은 와이프가 김치 주문도 받는다. 내가 광고를 해줄까? 하고

물어봐도, '현재 주문도 못 따라간다.'면서 사양을 한다.

마침 올림픽 기간이라 맥주 배달까지 하면서 치킨, 김치가 꽤 잘 팔린다고 한다. 이거 팔아야 얼마 남느냐고 하지만, 식료품 원가는 한국보다 저렴하며, 서비스 비용은 한국보다 2배 가까이 비싸니 꽤 괜찮은 장사이고, 단순히 치킨에

김치 파는 것으로 끝나는 것이 아니다.

한 가지 일하다 보면, 일이 꼬리에 꼬리를 물고 두 가지, 네 가지 일로 확대되는 것이 자연스럽다. 그렇게 사업은 시작되는 것이다.
그렇게 돈을 벌려면 벌려지게 되어 있다는 말이다.

Down Town, Rust, Austria

 퇴근 후 혹은 주말 저녁….
한적하게 차를 몰고 나만의 시간을 갖는 다는 것은 무엇과도 바꿀 수 없다.
보기만 해도 마음이 편해지는 풍경과 따뜻한 차 한잔으로 내가 살아있다는 것을 느낀다.

Banska Stiavnica, Slovakia

chapter 4
어쨌든 5년은 버텨야 한다

여행과 거주는 전혀 다르다

회사에 이력서 내고, 면접보고, 이런저런 조건 맞추고 드디어 회사에서 연락이 왔다. 당신을 채용하기로 했으니 열심히 일해 달라고 한다. 혹은, 완벽한 사업계획으로 이곳 동유럽에 작은 가게도 얻었고, 법인 등록도 마쳤고, 비자까지 마무리되었다.

어느새 두 주먹이 불끈 쥐어진다. 많이 벌지 않아도 좋으니 그저 먹고 살게만 해 달라고 겸손한 마음을 가진다.

이제 열심히 돈 벌고, 저금하고, 세금 내고, 애 있으면 애 키우고, 처녀·총각이라면 자기 짝도 찾아야 하고, 여행도 가고…. 한국에서와 같은 일상의 시작이다.

그렇다. 일상. 그렇게 꿈꾸던 동유럽 생활이지만 일상은 일상이다. 일상이 되는 순간 이 세상엔 파라다이스가 존재하지 않는다. 단지 해결하고 헤쳐나가야 할 과제들의 연속인 것이다.

그렇게 가보고 싶었던 다뉴브 강변의 노천카페는 할 일 없는 사람들이나 가는 곳이고, 천사 같은 백옥 피부의 금발미녀는 그냥 말 안 통하는 옆집 여자애다. 멋진 제복의 여자 경찰은 돈 뺏는 마녀같이 보이고, 외국영화에서 나오는 로맨틱한 직장 동료들은 몇 번을 말해도 도대체가 말귀를 못 알아먹는 멍청이들인 것이다.

반드시 5년은 버텨야 한다. 5년이 지나야 영주권을 받아 비자의 굴레에서 벗어나 마음껏 활동할 수 있다. 현지 회사에도 취업해서도 비자 심사가 필요 없으니, 능력만 있다면 이직이 자유롭고, 원하는 다른 유럽국가에서 자유롭게 하고 싶은 것 하면서 살 수 있다.

지나온 5년은 아주 짧게 느껴지지만, 앞으로 5년이라면…. 그 날이 언제 오나 싶다. 하나 군대 입대할 때 26개월이 언제 가나 했건만, 지금 제대한 지 십수 년이 되었다. 군대라면 제대를 기대하지만, 여기서는 그냥 즐기면서 느끼면 된다. 지구의 자전과 공전에 이 보잘것없는 한 몸을 맡기면서 생활하면 된다.

그러다 보면 영주권도 받고 시민권도 신청할 자격을 주고 그건 그냥 덤이라 생각해도 될 정도로 이 동네 생활을 즐기길 바란다.
하지만 새로운 환경에서 새로운 사람들과 새로운 약속을 하는 일상은 그리 만만하지 않다.

단단히 다짐했건만, 곤란하고 불편한 경험을 한다 치면 하루에도 수십 번 마음이 왔다 갔다 한다. 한국에서 편안하게 살아도 될 것을 왜 불편하게 살고 있나…. 하는 생각,
아이들 교육을 위해 캐나다나 호주 같은 영어권 나라로 가는 게 좋지 않나….하는 생각,
예전 근무했던 동남아로 돌아가서 휴양을 즐기며 살고 싶다는 등등….
당연하다.
나도 10여 년을 살았지만 별별 생각이 들었던 적이 수십만 번은 더 있었다.

하지만 항상 좋은 점만 생각하라.
이 동네 뜻밖에 살만하다. 사람들 순박하고, 물가도 사치품을 제외하면 한국보다 저렴하다. 치안도 좋고 무엇보다도 순진하고 건강하게 아이 키우기에 좋다. 대한민국이라는 이미지도 상당히 좋다. 오히려 일본 이상으로 좋다고 느껴질 때도 있다.
또한, 가족이나 친구들도 한 번씩 들르게 해서 비엔나, 프라하, 부다페스트,

바르샤바, 브라티슬라바, 잘츠부르그 같은 곳을 안내해주기도 하고, 노천카페에서 우아하게 햇살 받으면서 휴식도 즐길 수 있다. 공기도 좋으니 와이셔츠에 때도 잘 안 낀다. 나는 3일 입는 것은 기본이다.

이제 이곳 동유럽에서 벌어지는 자질구레하지만, 소중한 일상을 소개하려고 한다.
비록 슬로바키아 중심의 이야기이지만, 국경이 맞닿아 있는 체코, 폴란드, 헝가리 등과도 거의 차이가 나지 않는 분위기이니 참고하기 바란다.
대충이라도 분위기를 느끼면서 다시 한 번 가슴속의 두근거림과 설렘을 고이 간직하길 바라면서….

그 날은 곧 올 것이다.

비자 받기

이민의 시작은 비자를 받는 것부터 시작된다. 처음엔 보통 1~2년짜리 단기 거주증 부터 시작한다.
2004년 11월 초.
회사에서 드디어 첫 출근을 하라고 연락이 왔다.
들뜬 기분으로 갈란타의 회사로 첫 출근을 했다.
자리에 앉아 있는데, 인사 담당자라고 하는 여자가 다가온다. 자신을 Maria 라고 소개하며 A4용지에 무언가 리스트를 적어준다. 지극히 사무적인 말투라 나는 내가 무언가 큰 잘못을 한 줄 알았다.
비자 발급에 필요한 서류란다.
여권사본, 졸업증명서, 호적(주민등록)등본, 무범죄증명서, 보험증 사본, 집

계약서, 여권용 사진, 건강검진을 위한 병원스케줄 등등….
　이 중에 집계약서, 무범죄증명서, 보험증 사본은 회사에서 알아서 할 테니, 나머지는 나보고 가능한 빨리 준비하라 한다.

　그렇게 한 달이 지났다. 그러더니 다시 인사과에서 연락이 왔다. Work Permit이 나왔으니 이제 Residence Permit 신청을 해야 한다는 거다. 슬로바키아 정부에서 당신의 노동을 허가했고, 이에 허가서를 발급하니 이걸 가지고 거주증 신청을 하라는 뜻이다.
　그러니까, 학생일 경우에는 학교의 입학 허가서로 거주증을 받고, 배우자가 슬로바키아 사람일 경우에는 혼인 증명서로 거주증을 받고, 나 같이 취직을 한 사람은 Work Permit(노동허가)으로 거주증을 받는 것이다.
　이 거주증이 우리가 흔히 말하는 '비자'다.
　그리고 6개월을 기다린 후, 나는 드디어 1년짜리 거주증을 받았다.
　취직되었으니, 당연히 비자발급도 당연한 것 아니냐고 반문할지 모르겠지만, 적어도 그건 아니다. 취직은 취직이고, 비자발급은 정부의 고유권한임과 동시에 자국민의 노동권리를 보호하는 가장 큰 무기 중의 하나이기 때문이다.

　과거 아일랜드 시절에서도 취직되었지만, 비자 발급 때문에 많은 고생을 했던 나로서는 마음이 편칠 않았다. 취직해서 일은 하지만, 이런저런 이유로 비자 발급이 거부되는 런던에 사는 한국사람들, 학생비자로 더블린에서 중국 레스토랑을 경영하는 중국인 등등의 여러 지인의 고충을 알고 있기 때문이다.
　우리가 알고 있는 박지성, 이영표, 기성용 등등의 축구스타들도 마찬가지다. 모두 유명 프로구단에 입단했다고 자동으로 알아서(?), 당연히(?), 노동허가와 거주증이 나오는 것이 아니다.
　이들도 모두 정부의 자격 심사를 거쳐 워크퍼밋(노동허가)를 받아야 단기 비자를 발급받을 수 있다는 말이다.

하나, 적어도 슬로바키아에서는 이러한 걱정은 기우였다.

나중에 안 일이지만 나를 제외한 대부분의 한국사람은 5년짜리 장기비자를 가지고 있었다. 또한, 가족이 있으면 본인의 비자가 발급된 후, 그것을 근거로 가족의 비자신청을 진행할 수 있다.

이렇게 단기 비자로 5년 생활하게 되면, 6년째 장기 비자를 받게 되는데, 이때부터 영주권 개념이다.

나는 2010년 당시, 유효기간 10년짜리를 받았고, 10년 후에 유효기간 끝나면 사진만 가져오면 다시 갱신해 준다고 했다. 그리고 간단히 슬로바키아어 테스트를 했는데, 거의 형식적이었다.

최근엔 약간의 규정변화가 생겨서, 이제는 10년이 아닌 여권만료 기간까지의 유효기간이 적힌 거주증을 발급하며, 여권이 갱신되면 또다시 여권 만료 기간까지 거주증 갱신을 해주고 있다.

이때부터는 지방자치단체장을 뽑은 선거에도 참여할 수 있다.

브라티슬라바 시장, 카를로바베스 구청장 등등의 투표에 참가할 수 있다는 이야기다. 한국으로 치자면 '지방선거'이다.

나도 2010년 그리고 올해 2013년 11월에 투표에 참가했다.

대신, 국회의원, 대통령선거 등은 시민권을 취득해야 참여할 수 있다.

외국인 경찰서에 가면 베트남사람들과 중국인들이 많다. 물론 우리 동포들도 쉽게 만날 수 있다.

한가지 특징은 한국, 일본사람을 제외한 아시아인들은 대부분 스스로 인터뷰를 하고 비자 신청을 한다는 점이다. 주로 식당, 옷가게 등을 하는 자영업자들인데, 말도 잘하고, 씩씩하다.

과거에는 여권에 스티커 형식으로 단기 거주증을 붙였다. 그래서 몇 년 지나면 여권이 두꺼워진다. 이사라도 하면 주소이전 신고를 해서 변경된 비자로 다시 스티커를 재발행받아야 하고, 어떤 경우에는 6개월짜리 거주증을 발급해 주기 때문이다. 이럴 때 한국에 다녀오게 되면 유럽공항의 입국 심사대에서 한 참을 서 있는다.

입국 심사관이 여권을 이리저리 확인하면서 그동안 발행된 유효기간 지난 거주증 스티커를 보고, 뭔가 질문할 말을 생각하기 때문이다.

비자 때문에 고생하는 사람들도 있다.

영주권을 받으려면 5년 연속으로 직장, 혹은 사업체를 유지해야 하는데, 이런저런 사정으로 도중에 변경된 경우다.

예를 들어 4년 동안 회사에 다니다가 이직을 했는데, 무직 상태 기간이 단 하루라도 생길 경우, 4년간의 기록은 모두 사라져 버린다는 뜻이다. 다시 처음부터 5년 동안 연속 비자를 받아야 영주권 신청이 주어진다.

한 예로 이곳의 지인 중 한 명은 5년을 하루 남기고 영주권 발급이 무산된 경우도 있었다.

정확히 5년째 되는 날이 마침 휴일이라, 회사에서 비자 업무를 도와주던 총무과 현지인이 하루가 지난 다음 날 영주권 신청을 하러 갔더니, 어제 하루가 비자 없이 머물렀던지라, 4년 11개월 29일이 모두 무효가 된 적이 있었다.

이 경우 다시 처음 비자부터 재발급받아야 한다.

회사 옮기는 타이밍, 사업체의 상황 등이 좋지 않은 경우 비자 연장에 문제가 생기는 경우가 있다. 이럴 경우 계속 거주하고 싶다면, 무비자로 살 수밖에 없다. 흔히 말하는 불법체류다.

하지만 현실은 비자가 없어도 사는 데 지장이 없다. 옆 나라 오스트리아나, 헝가리, 폴란드, 체코 등지를 갈 일이 있더라도 대한민국 여권만 소지하면 된다. 따로 검문하거나, 거주증을 보자고 하는 경우는 거의 없다.

그래도 여러 가지로 불편하고 걱정되어 위축된 생활을 하는 것은 사실이다.

비자 관리

처음 슬로바키아에서 비자(워크퍼밋에 따른 거주증)를 받고 나서 매년 갱신 때가 되면, 나는 회사 총무과 현지인 담당자를 아주 귀찮게 굴었다.

그동안 회사를 거쳐갔던 담당자 여직원들(Maria, Dagmar, Katarina, Kristina)은 나만보면 "헤이~ Mr.Choi…, 네 비자 연장 들어갔어." 라며 먼저 선수를 치곤 했다.

첫 비자를 받아 이곳 생활을 시작했다면, 업무만큼이나 비자관리도 중요하다. 당장 1, 2년 후에 돌아갈 사람이라도 사람의 일이라는 것은 어떻게 될지 모르기 때문에 적어도 5년간은 비자 연장에 관심을 가지는 것이 좋다.

심한 예로, 이곳에 13년째 살고 있는 한국분이 계시는데, 그동안 일만 하느라 비자에 대해 만만하게 생각했던 했다. 이후, 몇 차례 이직을 했고 그때마다 비자 상의 날짜가 며칠씩 빠졌었는데, 결국엔 아직까지 매년 단기 비자를 받으러 시간, 비용을 허비한다.

그나마, 다니던 회사도 문을 닫아, 비자도 동시에 효력을 잃었다. 단기 비자는 재직상태가 완료되면 자동으로 그 효력이 소멸하기 때문이다.

만약 평소에 비자관리를 잘했더라면, 무직 상태가 되어도 이곳에 남아서 마음 편히 다른 직장을 알아볼 수 있는 상황일 텐데, 많이 안타까운 상황이다.

생각외로 비자 부분에 대해 이곳 한국사람들은 크게 중요성을 실감 못하고 있다. 나야 과거 아일랜드에서 비자 때문에 많은 고생과 경험을 한 덕분으로, 그 중요성을 실감하지만, 대부분의 이곳에서 일하는 한국인들은 한국에서 파견을 보내준 사람들이며, 또한 이곳이 첫 해외체류지가 되는 사람들은 이게 뭐가 중요하냐 생각할 수도 있겠다.

물가

이 동네 물가는 비싼 건 비싸고, 싼 건 싸다.

일상적인 농수산물은 한국보다 싸고, 서비스 관련은 한국보다 비싸다. 얼핏 동유럽 하면 물가가 저렴하다 생각하는 사람이 많은데, 오히려 한국보다 전체적으로 약간 비싼 느낌이다.

하지만 동일 제품으로 비교하는 자체가 거의 불가능 한지라, 싸다 비싸다는 말은 사실 그 누구도 판단할 수 없다고 본다. 게다가 관광지, 주택가에서의 가격이 다른 것도 있고, 대형마트, 소매점에서의 가격도 기준이 모호하다.

대략적인 물가수준을 판단하기 위해 몇 가지 예를 들어보면….

택시 기본요금이 약 6,000원, 맥도날드에서 햄버거 세트가 5,500원(음료수 리필 없음), 호프집에서 맥주 500cc가 3,000원, 카푸치노 한잔 2,500원, 한국 식당에서 삼겹살 일 인분 22,000원, 인터넷 케이블 TV 기본 채널 35,000원 정도의 수준이다.

이곳에서 한국 회사에 근무 중인 임모 양은 미혼이다. 일요일인 오늘은 슬로바키아 남자 친구와 함께 한국대사관 주최로 열리는 공연을 관람하기로 되어있다.

저녁 7시 공연인지라, 시간적 여유가 많다.

새벽에 일어나 집 앞 호수공원에서 가볍게 조깅을 하고, 맥카페(Mc Cafe)에 들러 모닝커피를 한잔한다. 1.8유로(2,700원)를 동전으로 낸다.

집으로 돌아오면서 우편함을 열어보니, UPC 인터넷 사용료 고지서가 들어 있다. 케이블 TV까지 포함된 월 사용료는 35유로(53,000원)이 찍혀있다.

아침을 먹고, 밀린 빨래와 다음날 입고 갈 옷을 다리면서 내려받은 한국 드라마를 본다. 월 10유로(15,000원)이면, 신작 드라마, 영화, 쇼프로그램 등을 당일에 다운받을 수 있으니, 적어도 집안에서는 한국식 스타일이다.

점심때가 되니 갑자기 피자가 먹고 싶다. 마침 아파트 단지 내에 피자 레스토랑이 있다. 모바일을 들어 피자집 전화번호를 눌렀다. 그러나 이내 말이 안 통하니 전화로 배달 주문하기가 쉽지 않다는 것을 깨닫고, 츄리닝 바람으로 급히 내려간다. 파인애플이 들어가 있는 하와이안 피자(320g)를 하나 주문하니 종업원이 6유로(9,000원)짜리 영수증을 보여준다. 집으로 와 미쳐 다 못 본 한국드라마와 함께 피자로 점심을 때운다.

오후 3시가 되니 남자 친구에게서 전화가 온다.

지금 아래에 와있다면서 오다가 신호 위반으로 벌금 냈다면서 투덜거린다. 그나마 30유로(45,000원)로 선방(?)했다면서 빨리 내려오란다.

다음 주 한국 휴가 때 부모님 선물을 위해 슬로바키아 수도 브라티슬라바에서 차로 40분 소요되는 아웃렛 매장이 모인 오스트리아 판도르프에 다녀왔다.

차에 기름을 가득 채우니 기분이 좋다. 기름값은 휘발유 기준 리터당 1.5유로(2,200원)이니, 한국보다 약간 비싸다.

쇼핑을 마치고 나니, 저녁 공연시간까지 한 시간이 남았다. 얼른 저녁을 먹어야 한다. 공연장 근처는 브라티슬라바의 중심이다. 식당이 많아 무얼 먹을지 고르는 것도 작은 곤욕이다.

정갈해 보이는 파스타 집으로 들어가서 알레올리오 스파게티와 해물리죠토를 주문했다. 샐러드는 시져 샐러드를 주문했고, 가볍게 맥주 한 잔씩 마셨다.

식사 후 디저트로 에스프레소와 티라미스 케이크를 먹었다. 역시 시내 중심이라 가격이 약간 비싸다. 스파게티 7유로(10,500원), 리죠토 10유로(15,000원), 샐러드 6유로(9,000원), 맥주 두 잔 3.8유로(5,700원), 에스프레소 두 잔 3유로(4,500원), 티라미스 케이크 3유로(4,500원)로 모두 32.8유로(50,000원)를 냈다.

공연은 훌륭했고, 중간에 아리랑과 고향의 봄이 나왔을 땐 약간 울컥했다.

그렇게 바쁜 일요일 하루가 지나버렸다.

국경일

한국의 국경일은 광복과 예수님, 부처님, 어린이를 위해 등등 다양하게 기념을 하고, 국경일로 공휴일로 지정해 놓았다.

여기는 한국보다는 약간 단순하다. 카톨릭 관련 기념일과 2차 세계대전에 관한 국경일이 대부분이다. 어린이날은 있지만 노는 날이 아니고, 부처님 오신 날도 없다.

우리와는 달리 크리스마스 앞뒤로 12월24, 25, 26일이 달력에 빨간색으로 표시되어 있다. 나머지는 나치즘과 파시즘을 비롯한 2차대전에 관련된 날들로 가득하다.

가끔은 애매한 경우가 있다.

한국에 본사를 둔 회사에서 일하는 한국사람들이 대부분인지라, 한국에 있는 본사와의 문제다.

크리스마스와 1월 1일을 제외하고는 이곳의 국경일이 한국에는 국경일이 아니다. 이럴 경우 본사와의 업무 관계상 출근을 해야 하는 경우가 많다.

반면에 한국의 국경일이 이곳에서는 정상 근무일인데 이 경우에도 당연히 출근해야 한다. 이런 때면 한국 회사가 아닌 유럽 회사에 다니는 한국인들이 부럽다는 생각을 하기도 한다.

개인적으로 가장 인상 깊은 국경일은 11월 1일이다.

우리식으로 치자면 한식날로, 돌아가신 가족들의 묘지를 찾는 날이다. 웬만한 마을에는 공동묘지가 있고, 주변엔 성당과 화원이 있다.

화원에는 손님들로 발 디딜 틈이 없다. 당일 저녁이 되어 어두컴컴해 지면, 마을 공동묘지에 사람들이 손에 초와 꽃을 들고서 하나 둘 씩 조용히 모인다.

날이 어두워지고, 공동묘지에는 수많은 촛불과 꽃들이 수놓아 있다. 바람이 불어 촛불이 넘실대며 아들, 딸, 며느리, 손자, 손녀들이 기도하고 있다.

모처럼 마을 사람들이 한곳에 모이는 시간이기도 한지라 반갑게 그동안 밀린 이야기도 하곤 한다. 나도 그 대열에 합류하여, 이름 모를 쓸쓸한 무덤에 꽃과 양초를 밝혀 주기도 했다.

정치구조 그리고 선거

솔직히 정치에는 관심 없다. 당연히 관심을 가져야 하겠지만, 쉽게 관심을 두게 되질 않는다.

한국 정치도 선거 때만 잠시 관심을 두는 것이 대부분인데, 하물며 말도 쉽게 안 통하는 이곳에서는 당연하다.

그저 국회의원이 150명이라는 것. 지역구가 아닌 모두 정당비례 대표제로 국회의원을 선출한다는 것, 대통령은 외교적인 권한으로 제한돼 있고, 실질적인 국가권한은 총리가 전권을 쥐고 있다는 정도가 정치 지식의 대부분이다.

여기도 선거 때가 되면, 유세 차량이 돌아다니면서 자기 당 홍보를 한다.

지난 2010년 여름. 집에 영수증 같은 노란색 종이가 배달되었다.

등기 배달을 왔는데 수취인이 없어 전달을 못 했으니, 종이를 들고 우체국으로 와서 찾아가라는 것이다.

토요일 오전. 신분증과 종이를 들고 우체국에 가니, 웬 커다란 서류봉투를 하나 건네준다.

열어 보니 지역단체장 선거 홍보물과 투표안내 서류다.

2010년 4월. 영주권을 발급받았고, 6월에는 시장과 구청장을 뽑는 선거가 있었다. 영주권을 가지면 외국인이지만 지역민의 권리를 행사할 수 있는 구조다.

브라티슬라바市의 Karlova Ves 區(굳이 말하자면 말이다)에 살고 있던 나는 소신껏 시장과 구청장 투표를 했다. (현지인 친한 친구가 당원으로 있는 SaS당 —'자유와 연대'에 묻지마 투표를 했음)

살다 보면 정치에 관심을 갖기가 쉽지 않다. 그래도 잠시 체류하는 것이 아닌 장기적으로 이민을 생각한다면 조금씩이라도 관심을 가져야 사는 나라에 최소한의 예의이지 않나 싶다.

사계절

그렇다. 여기도 4계절이 있다. 한국에만 뚜렷한 4계절이 있는 게 아니다. 4개국 중 가장 북쪽에 위치한 폴란드 중에서도 북쪽 지방은 겨울에 더 추울 것이고, 가장 남쪽에 위치한 헝가리 중에서도 남쪽 지방은 여름에 몹시 더울 것이다.

그래도 몇 도 높고 낮음에 따라 백만 년 이상 버텨 온 인류의 삶에는 그리 크게 지장을 주지는 못한다.

간단하게 날씨를 설명하면 여름엔 건조하고 해가 길고, 겨울에는 습하며 해가 짧다. 그리고 4월부터 10월까지는 서머타임 기간이라 시계를 한 시간 빨리 돌려놓는다.

원래 아침 6시에 일어났던 사람이라면 이 기간에는 아침 5시에 일어나서 출근 준비를 해야 한다는 뜻이다. 실제 시간은 아침 5시이지만, 시계는 6시를 가리키고 있기 때문이다.

이곳의 여름은 건조하다.

여름휴가 때 한국에 가기 싫은 이유 중에 하나가 바로 습한 무더위 때문이다. 햇볕까지 뜨거워 죽겠는데 끈적거리기까지 해서 휴가 기분이 나지 않는다. 거기에 장마, 열대야까지….

Down Town, Bratislava, Slovakia

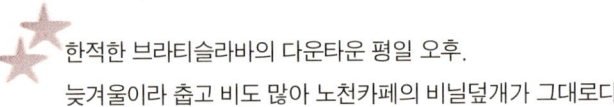
한적한 브라티슬라바의 다운타운 평일 오후.
늦겨울이라 춥고 비도 많아 노천카페의 비닐덮개가 그대로다.

이곳 여름 온도는 한창 높을 땐 37도 이상으로 올라가기도 하지만, 습하지 않아 땀도 많이 나지 않고, 그냥 나무 그늘이나 가게 파라솔 아래 있으면 시원한 느낌이 날 정도이다.

그래도 일주일 정도는 '진짜 덥다~'라는 생각을 하게 되는 날씨다.

여름이 되면 비도 잘 안 온다. 가끔 소나기가 내리긴 하지만 며칠 동안 추적추적 내리는 비는 없다. 개인적으로 추적추적 내리는 비를 좋아하는데, 이게 좀 아쉽기는 하다. 추적추적 내리는 빗방울을 카페 창문을 통해 바라보면서 느껴지는 비 냄새는 모든 것을 잊게 하는 묘한 매력이 있다.

아무튼, 여름이 되면 겨우 내내 그리웠던 햇볕을 온몸으로 받아 내느라 여성들의 옷차림이 심하게 야해진다. 그러나 이내 금방 익숙해진다. 너무너무 짧다고 생각하는 치마나, 가슴만 겨우 가리는 손바닥만 한 윗도리가 금방 익숙해져서, 어깨를 가리는 반소매에 칠부 바지를 입은 한국여성들을 우연히 만나면, 왠지 목욕탕에서 혼자 옷 입고 있는 사람을 만난 기분이 든다.

주변의 작은 호수, 저수지 주변을 걷는다면 비키니나 반 누드의 여인들도 쉽게 볼 수 있다.

남자들은 아예 웃통을 벗고 길거리를 다닌다.

그런데 그게 전혀 낯설거나 이상하지 않다.

겨울은 정말로 해를 보기 어렵다.

아침 7시가 지나야 먼동이 트고, 오후 4시 이전에 깜깜하게 된다. 출퇴근이 항상 어둡다.

낮도 항상 우중충 흐려있다. 습한 기운이 몰려들어 눈이나 빗물이 자주 흘러내린다.

겨울엔 눈이 많이 오는 편이지만 최근 2년간은 거의 눈이 오지 않아 아이들이 불만이 많았다. 겨울에는 이상하게 生아이스크림이나 바비큐용 땔감들이 자취를 감춘다. 겨울철에 아이스크림이 먹고 싶다면 슈퍼마켓에서 파는 공장용

아이스크림을 먹거나, 바비큐를 하고 싶다면 여름에 쓰고 남은 바비큐용 땔감을 사용해야 한다.

사람 중에는 겨울의 어둡고 우울하고 음침한 동유럽의 분위기를 좋아하는 분이 있을 수 있겠다. 그분들은 나에게 연락하라. 그런 분위기를 흠뻑 느낄 수 있는 장소를 소개해 드리겠다. 대신 비행기 값은 자비로….

종교 활동

한국사람이 사는 곳엔 종교가 빠질 수 없다.

일요일이면 한인 교회, 한인 성당의 한국인 종교시설에는 많은 사람이 모인다. 사람이 모이게 되면 자연스레 친분도 쌓게 되고, 따로 친해지는 사람도 생기게 되며, 또 하나의 작은 사회가 형성되게 된다.

슬로바키아에는 현재 4개의 교회가 있다. 수도 브라티슬라바에 2개, 한국 공장들이 있는 지방에 2개가 더 있다. 규모는 당연히 블라티슬라바에 있는 교회가 크고 사람들도 많이 모인다.

한인 성당은 없다.

카톨릭 신자들은 일요일이 되면 외국인을 위한 영어 미사를 진행하는 성당에서 미사를 본다. 대신 비엔나에는 한인 성당과 한국인 신부가 있고, 이 한국인 신부가 한 달에 한 번씩 브라티슬라바와 부다페스트의 한국인 카톨릭 신자들을 위해 방문하여 미사를 진행한다. 하지만 체코 프라하와 폴란드 바르샤바에는 한국인 신부와 한인 성당이 상주하고 있다.

한국인 중에는 한국인들이 없는 '현지 성당', '현지 교회'를 다니는 사람들도 많다. 직장 상사가 다닌다거나, 거리가 멀다거나, 한국사람과 마주치기 싫다거나 등등의 이유일 것이다.

처음 이곳 생활을 시작하는 사람들에게는 종교모임이 많은 도움이 되곤 한다. 특히나 아이가 있는 집은 여러 가지 생활정보나 아이들 학교 관련으로 이야기를 듣는 것만으로 해도 많은 도움이 된다.

극성스럽지만 않다면 적절한 관계를 유지하며, 마음의 평화를 찾을 수 있는 한인 교회, 성당의 참여는 바람직한 것으로 생각한다.

한국 방문

살다 보면, 회사 출장이나 휴가, 혹은 집안의 경조사로 한국에 가는 일이 생기기 마련이다.

각자 다른 이유로 한국을 방문하지만, 그래도 한국 방문은 언제나 가슴이 들뜨기 마련이다. 짧게 몇 개월, 길게는 몇 년 만에 방문하는 기분은 소풍 전날의 그 기분이다.

인천공항에서만 느낄 수 있는 말 잘 통하는 공항 직원들과 깔끔한 화장실, 싸고 풍부한 공항 식당의 익숙한 먹거리들….

이제 한국에 도착한 것이 실감 난다.

하지만 공항 문이 열리면서 들어오는 끈적한 습기 혹은 칼바람의 매서운 한기들. 그리고 수많은 검은 머리 사람들과 뿌연 하늘을 보자면 약간은 머뭇거리게 된다. 그래도 가족과 친구가 있는 이곳에 돌아왔으니 씩씩하게 문을 나선다. 슬로바키아에서 인천공항까지의 총 여행 시간은 비행시간만 13시간이다.

여행의 시작은 오스트리아 비엔나 공항에서 시작한다. 슬로바키아의 공항은 주로 저가 항공사 위주로 운영되는지라, 주로 유럽 내 여행 시에만 이용하기 때문이다. 그래도 브라티슬라바에서 비엔나까지는 차로 1시간밖에 안 걸린다. 체코나 헝가리, 폴란드에 사는 경우에는 프라하, 부다페스트, 바르샤바 국제공항을 이용한다.

휴가철 한시적으로 제외하고, 비엔나에서 인천으로 가는 직항은 없다. 대한항공의 경우 취리히에서 갈아타야 하며, 아시아나일 경우에는 프랑크푸르트에서 갈아타는 것이 보통이다.

가끔은 루프트한자, 터키항공, 러시아항공, 핀란드항공 등을 이용하기도 하는데, 미리 인터넷예매를 통해서 저렴하게 구할 수 있다. 가격은 대한항공이 제일 비싸고 그다음 아시아나, 그 외 항공사 순으로 저렴하다.

공항에 가면 아는 사람을 꼭 만나게 된다.

비슷한 시기에 휴가를 내고, 비슷한 시기에 돌아오기 때문이다. 지난여름 한국 방문 시에는 기내 화장실 앞에서 같은 동네에 사는 한국사람을 만난 적도 있다.

인천공항에 도착하게 되면 다시 한 번 이동 하게 된다.

머물 곳이 서울, 경기 쪽이라면 공항 리무진이나, 직행버스를 타면 되지만, 부산, 광주 등 지방 도시라면 또다시 장거리 여행의 시작이다. 시외버스를 타거나 다시 김포공항으로 이동하는 경우도 있다.

여름이 되면 슬로바키아에는 엄마들과 중·고등학생들의 수가 눈에 띄게 줄어든다. 2달 반가량의 긴 방학 동안 한국에서 입시준비를 하기 때문이다. 주로 입시상담, 재외국민 수험생을 위한 학원에 다니면서 2개월을 보낸다.

유명학원은 서울, 경기에 집중되어 있는지라, 지방 거주자들은 학원 근처에 따로 오피스텔을 빌려 엄마와 아이가 생활한다. 비행기 값, 학원비, 오피스텔비, 생활비 등을 합치면 2개월 비용은….

상상에 맡긴다.

덕분에 여름방학 시즌의 슬로바키아는 아저씨들의 천국이다. 그동안 가족

눈치 보면서 자주 할 수 없었던 골프, 술 약속, 짧은 여행 등을 하면서 왕성한 활동량을 보여 준다. 그러나 그것도 잠시, 가족과 떨어져 있는 슬픔에 잠긴 아저씨들이 대부분이다.

단순히 휴가로써 방문할 경우에도 비행기 값과 한국에서의 생활비가 만만치 않다. 평소에 먹고 싶었던 한국 음식과 어른들 선물에, 오랜만에 만나는 친구들이 있는지라 돈이 어떻게 없어지는지 모를 정도이다.

그리고 병원진료도 빠지지 않는다.
치과, 안과, 건강검진 등등의 진료는 필수 코스다. 한국만큼 저렴한 병원비가 또 어디 있나 싶다.
많은 한국인은 국제의료보험을 가지고 있는데, 정해진 한도 내에서 의료비를 실비로 지급해주고 있어 모두 알뜰하게 이용하고 있다. 지난여름 나도 치과 진료받고, 안경 새로 맞추고, 한약 짓고 했더니 무려 350만 원이 나왔다.
그리고 모두 보험 처리 받았다.

세 번의 휴가철

휴가란 말과 휴가철이라는 말은 엄연히 다르다.
한국에는 휴가철이라는 말이 곧 여름을 의미하지만, 이곳에서는 여름뿐 아니라, 부활절과 크리스마스까지 휴가철 느낌이 난다.
아무리 회사에 충성한다고 해도 휴가 가기 싫은 사람은 없지 않나 싶다.
슬로바키아의 경우, 근무 연수와 나이에 따라 연간 20~35일의 유급휴가가 있다. 개개인별로 일정을 조절하여 휴가를 사용하지만, 그래도 회사의 스케줄 상 휴가철에 휴가를 사용하는 것이 보통이다.
여름휴가와 크리스마스 휴가는 본인 휴가 일수로 계산되고, 부활절 휴가는 원래 노는 날이기 때문에 개인 휴가 일수와는 상관없다.

여름휴가나 크리스마스 휴가 기간에도 국경일이나, 주말은 개인 휴가 일수에서 제외된다.

너무 당연한가?

* 부활절 휴가 : 3월 말 혹은 4월 초순 금, 토, 일, 월 총 4일

슬로바키아에서 대기업 주재원으로 일하는 J과장은 이번 부활절 휴가기간에 슬로베니아에 다녀오기로 했다. 원래 밀린 업무가 있어, 꼼짝없이 출근해야 한다고 생각하던 중, 회사 전체적으로 휴가를 가는 것으로 결정했다.

초등학교 저학년 아이가 둘 있는 J과장은 4일간의 짧은 일정을 고려하여, 자동차 여행계획을 급히 세웠다. 프라하? 부다페스트? 바르샤바? 이제 지겹다.

파리나 스페인은 자동차로 가기엔 일정이 너무 빡빡하다.

이번에는 좀 조용한 곳으로 가고 싶다. 사람도 붐비지 않고, 아이들도 재미있어하고, 바다도 볼 수 있는 곳이면 좋겠다.

그렇다. 슬로베니아!

브라티슬라바에서 자가용으로 약 4시간 정도면 국경에 도달하니, 금요일 오전에 출발해서 Bled라는 호수 마을에서 1박, 토요일 오전에는 Postonia의 유명한 관광지인 석회동굴 투어를 하고, 점심 먹고 Piran 이라는 바닷가 마을로 가서 1박 하면 되겠다 싶다.

돌아오는 길에 수도 루블랴냐로 이동하여 나머지 1박을 하고, 월요일 오후에 돌아오는 일정이다. 월요일 저녁에는 집에서 푹 쉬고 다음날 다시 출근하면 되니까……

금요일 아침 일찍 들뜬 마음으로 자동차에 오른다. 생수, 컵라면 등의 비상식량과 3박 4일간 갈아입을 옷이 담긴 여행용 가방을 뒤 트렁크에 싣고는 내비게이션을 찍는다. 슬로베니아 블레드라고 목적지를 입력하니, 4시간 35분 걸린

다는 화면이 뜬다.

선글라스에 반바지, 슬리퍼로 가볍게 출발을 한다.

슬로바키아 ― 오스트리아 국경 앞 고속도로 주유소에 들렀다.

기름도 가득 채우고, 두 아이에게도 아이스크림 하나씩 쥐어 주고, J과장도 와이프와 아이스 캔 커피를 하나씩 마시면서 오스트라아 고속도로 티켓을 구입한다.

슬로베니아를 가려면 오스트리아를 통과해야 하니, 당연히 오스트리아 고속도로 티켓이 필요하다. 오스트리아 고속도로 티켓은 1주일짜리가 7유로이다. 슬로베니아 고속도로 티켓은 오스트리아와 슬로베니아 국경 주유소에서 다시 구입하면 된다.

티켓은 스티커 형식인데, 차 앞유리 구석에 붙이고, 영수증에는 차량 번호를 적어야 한다.

스티커를 붙이고 있는데, 뒤에서 누군가가 J과장을 부른다.

협력업체 영업 담당인 C차장이다. 자신은 크로아티아 플리트비체 국립공원으로 가는 중이라며 과장된 몸짓으로 웃는다.

동선이 뻔히 정해져 있으니, 고속도로 위에서나 주유소에서 아는 한국사람을 만나는 것은 어려운 일이 아니다. 가볍게 인사를 한 뒤 다음 주에 회사에서 보자며 손을 흔들더니 이내 고속도로 저 너머로 사라져 버린다.

이렇듯, 3, 4일 정도 기간은 주로 왕복 1천~1.5천Km 정도의 거리로 코스를 잡는 것이 보통이다. 좀 더 무리해서 갈 수도 있지만, 휴가 후 피로감을 생각하면 이 정도 거리가 적당한 듯싶다.

* 여름휴가 : 대기업 공장(삼성, 현대, 기아, LG, 한국타이어)의 휴가기간에 맞춰 협력업체 및 기타 한국인들도 휴가를 잡는 것이 보통이며, 주로 7월 중순 ~8월 중순 사이이며, 주말 연결해서 9일~15일 정도의 여름휴가를 즐김

헝가리에서 일하는 K대리는 이제 갓 결혼한 신혼이다.

한국에서 중소기업의 관리 업무를 하던 중, 취업 사이트에서 헝가리에 진출해 있는 모 대기업에서 현지 채용 한국인 채용 공고를 보았고, 이내 취업이 되었다.

주재원들 대우만은 못하지만, 그래도 만족스러운 생활이다.

월급 이외에도 월 1천 유로(150만 원)의 집세와 월 300 유로(50만 원) 국제의료보험과 40%에 해당하는 세금을 회사에서 제공해 주기 때문이다.

보통 아이가 있는 집은 아이 학교 방학기간이 6월 중순 ~ 8월 말까지 길어서 이 기간을 이용해서 한국에 다녀오지만, K대리는 신혼 기분을 낼 수 있는 절호의 기회라, 큰 맘 먹고 크루즈 여행을 가기로 했다.

비용은 둘이 합쳐 1200 유로(약 1백80만 원)에 8박 9일 일정이다. 얼핏 보면 비싼 것 같지만, 9일 동안 숙박과 식사와 이동이 해결되니, 오히려 저렴한 편이다. 보통 하루에 100유로 정도의 호텔비를 계산한다면, 교통비와 식비, 호텔비만 해도 200만 원은 훌쩍 넘을 것이기 때문이다.

또한, 지금 애도 없고, 큰돈 들어갈 일이 없는 이 시기가 아니면 결코 해 볼 수 없을 것 같다. 1년에 2번 나오는 보너스로 충분히 가능하니, 큰 맘 먹고 결정을 했다.

K대리 부부는 휴가 첫날 본인의 차를 몰고 부다페스트에서 출발하여 승선장소인 이태리 베네치아로 향했다. 약 5시간 정도 걸리지만 헝가리를 출발해 크로아티아→슬로베니아를 거쳐 이탈리아에 도착하는 풍경이 볼만하다.

차를 지정된 장소에 주차하고 유람선에 올라 9일간 베네치아→두브부닉→바리→산토리니 등지를 여행하는 일정에 시간 가는 줄 몰랐다.

대형 크루즈는 하나의 도시다. 배 안에 풀장이며, 카지노며, 쇼핑센터며, 놀이터, 운동시설 등이 있다. 간식 포함 하루 6번의 끼니도 모두 포함되어 있다. 매일 저녁은 코스별로 제공되는 레스토랑에서, 아침은 풍부한 아드리하해의 과일과 가벼운 식사……. 그리고 풀장과 그 옆에서도 여전히 바비큐가 준비되고 있다.
크루즈는 매일 아침 새로운 도시로 이동한다. 아침이면 새로운 도시에 멈춰서 그동안은 유럽 도시 여행을 할 수 있다.
일 년 중 가장 휴가다운 휴가를 즐기는 시간이기에 사는 맛이 느껴진다.

* 겨울휴가 : 크리스마스 휴가라고도 하며 주로 22·23일부터 1월 1일까지 휴가를 즐긴다.

이 시기는 사실 휴가철이라기보다는 동유럽인들에게는 명절과 같은 기간이다. 부모님과 일가친척들이 모여, 우리의 설날 같은 기분을 느끼는 날들이기 때문이다.

체코 오스트라바에 사는 K부장은 주말부부다.
현대자동차는 수도 프라하에서 약 350km 떨어져 있는 오스트라바(노쇼비체)에 공장을 세웠고, 그 주변도시에 다수의 한국 협력업체들이 자리 잡고 있다.
K부장은 물류업체에서 재무·회계부장으로 일하고 있다.
가족은 프라하에 살고 있고, 자신은 주말이 되어야 가족을 만날 수 있다. 중학교와 고등학교 다니는 딸 둘을 위해 어쩔 수 없는 선택이었다.
이번 겨울은 K부장 가족의 첫 번째로 외국에서 갖는 겨울휴가다. 이제 겨우 발령받아 일을 시작한 지, 4개월째로 사실 아직 동유럽 생활에 적응되어 있지 않다. 그냥 집에서 조용히 보낼까 생각했었다.
하지만 그의 부인과 아이들은 설렘에 잠을 못 이루고 있다.

첫 번째 휴가…. 그것도 겨울휴가.
목적지는 로마로 정했다.
북쪽 스칸디나비아로 가면 가뜩이나 추운 겨울날, 해 떠있는 시간이 얼마 안되어 여행 기분 안 날 것이고, 남쪽 지중해 쪽으로 가면 겨울 분위기가 안 날 것 같은 이유다.

바티칸, 콜로세움, 포로로마노 등등 여행안내서만 보아도 기분이 좋다.

이동은 유럽 내 저가 항공기를 이용하기로 했다. easy jett, 라이언에어 등등을 인터넷에서 살펴보다가 인당 가격이 50유로짜리를 발견했다. 4명이 브라티슬라바-로마 왕복 비행기 표가 400유로(60만 원) 정도밖에 안 한다.

가격이 싼 티켓인지라, 출발 시각이 새벽 6시다.

그래도 좋다.

인터넷으로 로마에 있는 한국 민박집을 예약했다. 하루에 100유로이고, 아침·저녁 식사를 제공해 주는 조건이다. 화장실이 공용이라 불편하지만, 그래도 물가 비싼 로마에 이 정도 가격에 머물 수 있어 결정했다.

일정은 4박 5일. 첫날은 로마 시내 투어, 둘째 날은 바티칸 투어, 셋째 날은 이태리 남부 투어로써 아말피 해안과 나폴리, 그리고 폼페이 도시를 둘러보는 코스다.

가이드는 현지 여행사인 자전거 나라, 맘마미아 투어를 이용할 예정이다.

휴가기간 동안 여행이 아닌 아르바이트를 하는 경우도 있다.

폴란드 바르샤바에 사는 L모양은 외대 폴란드 학과를 졸업하고 5년 전 폴란드로 왔다. 모기업의 판매법인 현지 채용 한국인으로서 취업한 것이다.

현지어에 능통하고, 아직 미혼인지라 시간 날 때마다 여행을 자주 다녔다.

이번 크리스마스 휴가에는 딱히 일정이 없다. 친한 친구들은 모두 자기 나라로 휴가를 떠났고, L양도 지난여름 한국에 다녀오는 바람에 많은 돈을 썼다.

때마침 번역 아르바이트가 들어 왔다. 폴란드에 진출한 한 중소기업에서 의뢰가 들어 온 것인데, 회사 계약에 첨부되는 중요 서류이다. 일단 폴란드어를 한국어로 번역하여 법률 자문한 후, 공증을 받으면 효력을 발휘하는 것이다.

번역료도 장당 50 USD로써, 35장이면 괜찮은 아르바이트다.

쉬엄쉬엄해서 사나흘 정도면 완료될 것 같으니, 일을 마치면 연말 기분도 낼 겸 베를린에 기차여행을 다녀올 계획을 급히 세운다.

이렇게 연간 총 3번의 휴가를 보내는 것이 일반적이고, 그중 여름휴가 기간이 가장 길고 날씨 또한 좋아 휴가의 참맛을 느낄 수가 있다.

이 동네 사람들도 당연히 휴가를 즐긴다. 돈이 많으면 많은 대로, 없으면 없는 대로 즐기지만, 예약문화가 자리 잡은 동네인지라, 서너 달 전부터 예약을 이용한다.

보통 근로자 월급이 1,000유로(150만원)를 넘지 않는데 몇 배의 월급을 받는 한국사람들보다 심적으로 더 여유로운 생활을 하는 것 같다.

한국 회사의 현지 직원들

이곳에 있는 한국 회사는 참으로 다양하다.

수천 명씩 고용하고 있는 대기업들도 있고, 수십에서 수백 명을 고용하고 있는 중소 협력업체도 있다. 열 명 안팎의 인원으로 운영되는 물류, 창고, 인력파견 등의 비즈니스를 하는 회사도 있으며, 한인 호텔·민박, 레스토랑 등도 있다.

한국 회사에는 직급과 직책이 있다.

사원-대리-과장-차장-부장-이사 정도의 순서로 직급이 있는데, 보통 연차가 되면 승진을 시켜 주곤 한다.

대신 직책은 능력에 따라 팀장, 실장, 부서장, 과장 등등으로 회사의 상황에 맞게 달리 사용되고 있다.

그러니까, 나이가 많은 부장이면서 그냥 팀원이 있을 수 있고, 나이가 어리지만, 능력을 인정받아 부장과 차장급의 팀원을 데리고 팀장을 할 수도 있다.

하지만 이곳 유럽에는 직급은 없고, 직책만 있다.

능력이 되면 매니저가 되고, 시니어 매니저가 되고, 디렉터가 되는 것이다. 그렇지 않으면 그냥 Staff이다. 물론 세부적으로 나뉘어 있기는 하지만 별 의미는 없다.

하지만 서로 호칭을 할 때는 각자의 이름을 부른다.

유라이 매니저님, 미로슬라브 디렉터님, 이런 말은 없다.

작은 규모의 한국 업체에서 일하는 현지인 직원 중에는 가끔 나쁜 녀석들도 있다. 보통 현지어를 못하는 한국 사장 등쳐 먹는 일도 마다치 않는다.

한국인 사장은 현지어를 잘할 줄 모르니, 영어를 잘하는 믿을 만한 현지인 직원을 고용하여, 공사, 인테리어, 자재 구매 등을 한다. 회사가 작으니 모든 것이 시스템화되어 있지 않아 매뉴얼 수작업으로 처리한다. 이럴 경우 일부러 가격을 비싸게 책정을 한 후, 업자로부터 뒷돈을 받는 것이다.

알게 모르게, 이들의 관행인 '구매가의 10%'가 수수료의 명목으로 자기 회사의 직원 주머니로 들어가고 있다. 현지 사정에 능통한 양심적인 한국사람이 일하거나, 사장이 현지 언어를 하면 좋을 텐데 말이다.

이 친구들의 급여는 사무직 기준 보통 사원·대리급이 세전 700~1,200유로 정도이고, 매니저(과장) 이상으로 올라가면 그때부터는 사람마다 제각기 대우가 다르다. 2,000유로를 받는 매니저도 있고, 3,000유로를 받는 매니저도 있다. 회사 차량을 제공하는 것도 일반적이다.

매니저라는 직함은 스스로 사회적 성공을 의미하는 분위기다. 어떤 녀석은 기차를 탈 때도 1등 칸만 탄다는 매니저도 있다. 그래서 매니저(과장) 하나 승진시키려면, 보통 고민을 하는 게 아니다.

라인작업자, 건설노무자 등의 직종은 이보다 훨씬 적은 보수를 받는다. 예전에 회사에서 청소일을 하던 할머니가 하루는 나에게 월급명세서를 보여 주면서, 투덜거린다.

당시 화폐단위로 8,000 skk가 찍혀 있던 것이다.

유로로는 약 300유로, 한국 돈으로는 50만 원이 채 안 되는 돈이다. 원래는 7~80만 원의 급여를 받았지만, 파견 회사에서 수수료 명목으로 떼어 갔다는 것이다.

이곳에도 정직원, 파견직원, 계약직원 등의 신분으로 일한다. 대신 회사에 소속되어 있으면 하루에 5천 원 정도의 식사를 받을 의무가 있다.

회사에서는 대부분 칼퇴근을 한다.

퇴근 시간이 5시라고 보면, 5시에는 직원의 80%가, 6시에는 99%가 퇴근을 마친다. 윗사람 눈치는 보지 않으며, 내일 할 일을 미리 당겨서 하지 않는다.

야근할 경우에는 미리 사전에 공지해서, 양해를 얻어야 겨우 해 준다.

요 며칠 자료준비로 계속 밤늦게까지 야근을 해서 지칠 대로 지친 한국 물류업체의 노처녀 K과장도 매일 아침 동료 현지인 여직원들 때문에 화가 나서 미칠 지경이란다.

현지인 여직원들이 칼퇴근해서 배우고 있는 요가가 그렇게 좋다면서 요가 예찬론자가 된다.

K과장도 칼퇴근하고 싶다. 그러나, 한국사람이라는 애매한 이유로 당당하게 그러질 못한다.

슬로바키아 땅에 있지만, 그래도 한국회사는 한국회사다.

출퇴근은 한국 스타일이라서 좀 그렇지만, 그래도 주택비지원, 세금지원 등을 해주니 현지 직원이 마냥 부럽다고는 말을 하기도 그렇다.

가끔은 총각 한국인 주재원과 슬로바키아 여직원 커플이 생기기도 한다. 결혼한다면 결과론 적으로 이민이 완성되었다고 보면 된다. 내가 아는 한도에서 약 20여 커플이 결혼까지 골인했고, 지금도 알게 모르게 물밑(?) 작업이 계속되고 있을 수도 있다.

동갑 커플도 있고, 남자가 15살 많은 커플도 있다.

참고로, 슬로바키아 여성은 유럽에서도 예쁘고, 날씬하기로 정평이 나 있다.

출장 접대

이곳에는 항상 한국인 출장자들이 있다. 한국에서도 오고, 다른 유럽에서도 오고, 중국에서도 온다. 그리고 대부분 한국인이 운영하는 호텔에 묵는다.

처음 오는 출장자는 당연히 어리바리 그 자체이다. 필요 이상으로 움츠러드는 출장자도 있고, 괜스레 과장하는 출장자들도 있다. 하지만 출장자들을 능숙하고 익숙하게 잘 리드해야 본인 이미지에 도움이 되고, 그런 이미지가 쌓여 사회생활에도 유리한 건 사실이다.

폴란드 남부지방에는 현대자동차, 기아자동차 한국협력회사 공장들이 있고, 그곳으로 며칠 출장을 갔었던 적이 있었다. 업무를 마치고, 그곳에 사는 십년지기 친구와 저녁을 먹으면서 술을 한잔 했다. 한국협력회사에서 일을 하는 한국인인데, 자신의 꿈은 10년 이내에 자그마한 공장을 하나 맡아보고 싶다고 했다.

즉, 법인장이 되고 싶다는 꿈이 있다는 것이다.

식사를 마치고, 다운타운으로 가서 한잔 더 하기로 했고, 나는 홈 그라운드인 친구가 가이드 해주길 기다리고 있었다.

그런데 이 친구…, 뭘 어찌해야 하는지 하나도 모르는 것이다.

늦은 밤이라 거리에 택시가 없으니, 콜택시라도 불러야 하는데 어떻게 부르는지도 모르고, 전화번호 아는 것도 없고, 허둥지둥 하면서 시간은 계속 흘러갔다.

비록 남의 동네지만, 내가 나섰다.

근처 주유소에 들어가서 정중히 부탁(절대로 자신이 급하다고 해서 재촉하면 안 된다. 회사 내에서 현지인 직원 대하듯이 하는 등 정말 큰 실수를 하는 그런 한국인들이 있다.)을 해서 번호를 하나 받아 전화를 한 후, 다시 주유소 직원을 바꿔주면서 택시기사에게 이야기를 대신해달라고 했다. (지금 내가 있는 곳이 어디인지 모르니까.)

　택시를 탄 후에는 택시기사의 명함과 전화번호를 받아 놓았고, 택시에서 내리면서는 두 시간 후에 다시 이곳으로 와달라고 예약을 했다.
　원래 남의 동네까지 가서는 원래 나서지 않는 것이 예의이긴 하지만, 이 상황은 어쩔 수 없었다.
　다운타운에 도착 후, 한잔 더 하면서 친구에게 이야기했다.
　"법인장이 꿈이라고 했지? 물론 일 잘하고, 조직관리 잘해야 하는 건 당연하지만, 내가 만약 본사 임원이라면 넌 어림도 없어! 도대체 여기 살면서 뭘 한 거야? 택시 하나도 부르지 못하고???"

　출장자 접대라는 것이 뭐 대단한 것이 아니다. 머나먼 동유럽의 낯선 도시에 처음 온 사람의 마음을 편안하게 해줌과 동시에 자신의 이미지를 업 시킬 수 있는 좋은 기회로 삼으면 더 좋을 것이다.
　거기에 분위기 좋게 한잔할 수 있는 Bar를 미리 파악해 둔다거나, 간단하게 주변 가이드를 해줄 정도면 더할 나위 없을 것이다.

집주인 그리고 이사 다니기

　이민의 시작은 비자를 받음으로써 시작되지만, 비자를 받기 위해서 반드시 필요한 것 중의 하나가 집을 구하는 것이다.
　아파트나 단독주택으로 월세를 구해야 한다. 한국처럼 전세는 없으니, 참고 바란다.
　한 달 월세는 선불이고, 한 달 월세만큼의 보증금을 지급하는 것이 일반적이다. 부동산 수수료는 그때그때 다르다. 집주인이 낼 수도 있고, 세입자가 낼 수도 있고, 아니면 반반씩 부담할 수도 있다. 대신 부동산이 아닌 집주인을 직접 만나서 계약할 경우에는 부동산 수수료가 들지 않는다.

전기세, 물세, 가스비 및 관리비는 한 달에 지정된 금액을 주인에게 납부한다. 그리고 일 년 후에 정산하는 시스템이다.

30평 정도의 아파트라면 월 150유로가 일반적인 금액이다.

같은 넓이라도 한국보다는 매우 넓게 느껴진다.

100㎡라고 하면 한국식으로 약 30평 정도인데, 한국에서는 100㎡라고 해서 찾아가 보면, 80㎡ 정도밖에 안 되곤 한다. 베란다, 엘리베이터, 주차장 등의 공용면적을 환산해서 계산하기 때문이다. 여기서 100㎡면 아파트 현관문 열고부터 베란다 이전까지 100㎡ 그대로이다.

한국과 또 다른 점은 이곳의 천장이 한국보다 약간 높은 느낌이다. 건축법상 천장 높이가 약간 높기 때문이라는데, 그래서 그런지 오랜만에 한국을 가게 되면 천장이 낮다는 느낌이 들곤 한다. 어떤 경우에는 움막 같은 느낌이 들곤 했다.

집주인은 우선 잘 만나야 사는 동안에도 편하고, 또 이사할 경우에도 금전적으로나 기분적으로 뒤탈이 없다.

한국사람들 대부분은 회사 직원의 도움을 받아 집을 구한다든가, 아니면 기존에 한국 가족이 살고 있다가 이사 가는 집에 다시 이사를 하곤 한다. 말도 안 통해서 직접 구하기도 쉽지 않을뿐더러, 남편들이 다니는 회사에서 어느 정도는 도움을 주고 있기에 굳이 힘들여 노력하지 않아도 되기 때문이다.

한국 와이프들의 선호하는 집 구조는 비슷한데, 그런 집은 몇 군 데 없고 하니, 부동산에서 보여 주는 집도 다 거기서 거기다. 그러다 보니, 집주인의 입장에서는 한국사람이 이사 가고, 또 한국사람이 이사 오는 경우가 많다.

이사를 하려면 계약만료 2~3개월 전부터 새로 이사 갈 집을 알아봐야 한다. 이사하기로 확정을 한 후에도 준비하는 시간이 추가로 걸리거나, 갑자기 집주인이 마음을 바꾸어 계약을 안 하기로 하는 경우도 있다.

그러니, 미리미리 서둘러야 한다.

아파트에는 기본적인 가구와 가전제품들이 갖춰져 있다. 한국에서 소파, 침대, 장식장, 대형냉장고 등을 가져온 사람들은 매번 이사할 때마다 짐이 많아 고생하곤 한다.

2년 동안 살던 아파트를 떠나 새로운 아파트로 이사하는 날이다. 이제 새로운 집으로 짐도 다 옮겼고, 살던 집도 깨끗이 청소를 했다. 집주인을 만나 인사를 하고, 집 열쇠를 돌려주고 맡겼던 한 달 보증금을 돌려받으면 끝이다.
그런데 집주인의 표정이 이상하다.
이 정도면 깨끗하고 말끔한 집의 구석구석을 살펴보면 꼬투리를 잡는 것이다. 벽에 낙서 흔적이 있다는 등, 창문 틈에 곰팡이가 생겼다는 등, 벽장 모서리가 깨졌다는 등 하나하나 트집을 잡는다.
심하면 작은 방에 있던 책상이 왜 거실에 있느냐면서 다시 되돌려 놓으라는 말도 한다.
그러면서 손해 입은 물건들과 벽면 페인트를 다시 새로 칠해야 한다면서 보증금의 절반밖에 돌려줄 수 없다고 한다.
미치고 환장하고 억울할 노릇이다.
친절하고 매너 좋던 집주인이 이렇게 변할 줄이야….
작정하고 이렇게 나오는 집주인에게는 어찌할 방법이 없다. 언성을 높여 더러운 성질을 보여주는 것이 가장 좋은 방법이지만, 대부분은 그냥 "에이 그냥 줘버리지 뭐…."하는 경우가 많다. 말도 안 통하고, 새로 이사도 했고, 그냥 귀찮기도 해서 손해 보는 경우다.
그러다 보니, 위에서 말한 한국 세입자를 둔 경험이 있는 집주인은 이런저런 이유로 보증금을 돌려주지 않은데 익숙해져 있다.
보증금 문제로 골치를 썩이지 않으려면, 외국인에게 집을 임대했던 경험이 없는 사람으로부터 빌리는 것을 추천한다.
보통 100㎡의 크기로 주택가의 아파트를 구한다면 800~1,300유로 정도 한다. 여기에 관리비, 에너지 비용으로 150~250유로가 추가로 들기도 한다.

회사에서는 주거 비용을 지원해주는 경우가 대부분인데, 사는 사람 각자 회사, 직위에 따라 다양한 한도 금액을 가지고 있다.

대기업의 높은 직책을 가졌다면 당연히 많고, 작은 회사의 말단이라면 당연히 그 한도도 작다.

한국에서는 보통 아파트 생활을 했던지라, 단독주택에서의 경험을 가져보고 싶은 사람이 많다. 마당 잔디도 깎고, 아이들이 뛰어노는 마당에서 바비큐도 해 먹고, 다락방도 있는 이런 주택.

여름이면 잔디 깎는 것도 하나의 일이다. 낭만적인 경험은 한두 번이면 충분하다. 여름이 되면 쑥쑥 자라는 잔디 때문에 반나절을 투자해야 한다. 집주인에 따라 직접 깎아주는 집주인도 있지만, 이사 갈 때 깎은 값을 보증금에서 제외하는 짠돌이 집주인도 있다.

주택에 사는 한국인들은 보통 2,000~3,000유로의 월세를 지급한다. 물론 회사에서 지원하는 경우가 대부분이다.

월세를 아껴야 하는 사람이라면 월 3~400유로 이하짜리 집도 많다. 예전 사회주의 시절 지은 아파트로써, 교통이 좋지 않은 것을 빼고는 큰 차이가 없다.

애를 키우기에는 조금 환경이 좋지 않지만, 그래도 혼자 사는 사람에게는 괜찮을 듯싶다.

주택 구입

이곳에 거주하는 한국사람들은 대부분 회사에서 월세를 대신 내준다.

일을 시키러 이곳까지 불러왔으니, 당연하다.

하지만 일부 자영업을 하는 사람들은 자비로 월세를 내고 있고, 어떤 회사는 집값 포함해서 월급을 주고 본인이 알아서 월세를 직접 내는 경우도 있다.

후자일 경우. 아예 집을 사는 것도 생각해 봄직하다.

이럴 경우 10년 이상 거주한다는 계획이 있어야 하는데, 지금 분위기로써는 장기적으로 계획을 세우는 한국인들이 상당히 많다.

월세를 1,000유로라고 봤을 때(2,500유로 짜리 집에서 사는 사람도 있고, 700유로짜리 월세로 사는 사람도 있지만…….) 천 유로를 10년간 낸다면, 12만 유로가 된다.

한국 돈으로 약 2억 원이 조금 안 된다. 12만 유로면 브라티슬라바 조용한 주택가의 25평 아파트를 살 수 있는 돈이다.

슬로바키아는 외국인의 아파트 구매가 가능하다.

대신 실거주지로 5년 이상 거주해야 되팔 때 자국민과 마찬가지로 부동산 특별세금이 없다.

부동산 구매 시 필요한 것은 외국인 등록번호다. 우리 같으면 주민등록번호겠지만 말이다.

목돈이 없으면, 은행 대출을 이용할 수 있다.

보통 영주권자가 아닐 경우에 집값의 최대 70%까지 대출을 해주는데, 급여통장의 실적으로 대출 금액을 결정한다.

아무래도 자기소유의 부동산이 있으면, 사는 나라에 애착이 더 강해질 것이고, 그러다 보면 자연스레 정착하는데도 자신감이 생길 것이다.

자동차로 국경통과

한국에서 국경을 통과한다는 것은 뭔가 복잡한 이미지다.

여권을 준비하고, 입국심사대를 거치며, 입국심사관을 초조하게 노려보며….

당연하다. 외국을 간다는 것은 비행기나 배로 다른 나라의 국경을 통과해야 하기 때문이다.

　이곳도 유럽연합(EU) 구성원이자 쉥겐 조약(SchengenAgreement)가입국이다.

　유럽연합국가(영국, 아일랜드제외)와 아이슬란드, 스위스, 노르웨이 사이의 국경을 폐쇄하여, 서로 자유로이 왕래할 수 있게 만든 것이 쉥겐조약이다.

　따라서 자동차로 국경을 통과할 경우, 먼지만 수북이 쌓인 아무도 사용하지 않는 검문소만 초라하게 방치되어 있을 뿐이다.

　동유럽국가들이 쉥겐조약(Schengen Agreement)에 가입한 지는 2007년부터다. 그전에는 EU 멤버이지만, 국경통과 할 때 여권검사를 받았다. 까다롭지는 않았지만, 위축되곤 했다.

　희한한 풍경은 주말 아침이면 슬로바키아―오스트리아 국경에는 골프채를 실은 한국 자가용들이 꼬리에 꼬리를 물고 골프장에 가는 행렬이었다. 슬로바키아에 제대로 된 골프장이 없어, 대부분의 한국인은 오스트리아의 골프장으로 골프를 치러가기 때문이다. 국경 경찰들은 여권은 보지도 않는다. 얼굴만 슬쩍 보고는 귀찮다는 듯이 손으로 어서 가라는 시늉을 한다.

　잠시 타임머신을 타고 쉥겐조약 이전의 슬로바키아로 돌아가 보자. 그리고 국경 넘는 상황을 감상하시라.

　슬로바키아와 국경을 맞대고 있는 국가는 참 많기도 하다.
　오스트리아, 체코, 헝가리, 폴란드, 우크라이나 등이 국경에 맞닿아 있다. 보통 자동차로 국경을 넘나들며 여행 및 볼일을 보고 있는데, 가끔은 여행할때 가족과 기차로 국경을 통과하기도 한다.
　또한, 비행기로 휴가철 및 출장을 다녀오기도 한다.

　이래저래 국경을 통과하는 것에 대해 정리를 해 보면.

1. 서유럽보다는 동유럽국경 통과 시 많은 시간과 귀찮음을 당한다.
2. 동유럽국경 통과 시 고속도로를 이용하는 것이 편하다.
3. 런던, 암스테르담, 파리 등등 대도시 공항이 아닌 시골동네 공항 통과는 입국을 걱정해야 하는 경우가 발생한다.
4. 같은 국경인데도, 어느 날은 트렁크 열어 보고 왜 가느냐? 어딜 가느냐? 꼬치꼬치 캐물을 때도 있고, 어느 날은 여권 겉표지 국가명만 확인하고 통과시키는 날도 있다.
5. 제발 여권에 도장 좀 안 찍었으면 좋겠다.
6. 슬로바키아 국경을 넘는 순간은 꼭 고향에 돌아오는 기분이다.

보충설명
1, 2 : 헝가리, 체코, 폴란드 국도 국경 통과 시 항상 겪게 되는 일은, 일단 차를 한쪽으로 빼놓고 2~30분 대기. (도대체 왜 기다리게 하는지 모르겠다)
가끔은 비유럽인 국경 통과를 거부하는 일도 있다. '여기는 비유럽인은 통과할 수 없으니, 고속도로 국경을 통과하라'는 말을 들은 적이 있다. 그에 비해 각국 고속도로 국경 통과는 여권 유효기간만 확인하고 통과시키는 경우가 대부분이다.
3 : 출장 시 런던, 암스테르담, 파리 등등의 공항을 이용한다. 워낙 외국인, 동양인이 많으니 별로 문제 될 것이 없다.
가끔은 한국 인사말도 듣는다. '안녕히 가세요~.'
하지만 동양인이 입국하지 않는 이름없는 작은 도시 공항으로 입국할 경우에는 뒷사람들에게 민폐다.
남쪽이냐 북쪽이냐는 기본.(여권에는 South Korea 라는 말이 없기 때문) 그동안 찍힌 입국 도장, 여권 위조 여부, 슬로바키아 비자 등등을 한참 동안을 들여다본다. 그러고는 독수리 타법으로 여권 내의 모든 정보를 컴퓨터에 기록한다.
전화로 어디론가 물어보고, 누가 오고, 물어본 거 또 물어보고, 뒷사람들은 다른 줄 만들어서 입국 끝내고, 사람들은 다 쳐다보고….

하지만 그네들은 업무에 충실할 뿐 순진하고 진지한 얼굴로 대한민국 여권에 집중한다.

'무엇에 쓰는 물건인고???'

4 : 주로 다니는 비엔나 국경.

어떤 날은 (집에 안 좋은 일이 있는, 혹은 여자친구와 싸운) 입국 심사관에 걸리면, 어딜 가느냐? (밥 먹으러) 왜 가느냐? (배고파서) 얼마나 머물 꺼냐? (밥 먹고 올 거다)를 꼬치꼬치 캐묻는다.

물론 뒤차들에도 민폐다.

하지만 어떤 날은 차 문을 열고, 여권을 내밀자 겉표지의 국가명을 흘깃 보고는 귀찮다는 듯이 빨리 가라는 시늉을 한다.

주로 비엔나에서 슬로바키아로 돌아올 때, 여권 겉표지만 확인하고 통과시키는 경우가 많다.

5 : 이젠 여권에 빈자리가 없다. 내년도 비자 스티커 붙일 자리도 모자라다. 입국도장 좀 그만 찍었으면 좋겠다.

6 : 당일치기이건, 여러 날 머물건 슬로바키아 국경을 통과하면, 꼭 집에 온 느낌이다. (당연하지 집에 가는데)

익숙한 도로와 낯익은 푯말들….

긴장이 풀리면서 안도가 된다.

처녀·총각 그리고 슬로바키아 여자

서른을 갓 넘긴 나이로 이곳에 온 Y모 군은 회사 내에서 나와 동병상련하는 사이였다.

비슷한 나이에 같은 현채한국인으로써 생활하고 있었다.

하루는 사무실 옆 복도 문을 열어 달라는 것을 계기로 한 여자와 친해지게 되었는데, 체코어를 전공한 후 한 협력업체의 영업사원으로 슬로바키아에 오게 된 그녀는 남자들 틈에서 많은 외로움을 느꼈다.

뭐 그러다 보니 자연스레 처녀 총각의 만남이 잦아지고, 결혼까지 이어지게 되었고, 나는 결혼식 때 축사까지 하게 되었다.

이곳에서 사는 한국인 중에는 처녀·총각들의 숫자도 무시 못 한다. 이십 대 중반에서부터 30대 후반의 많은 싱글이 존재하지만, 이곳에서 서로의 짝을 찾는 경우는 그리 많지 않다. 서로의 업무가 바쁘다 보니 자주 만날 기회도 흔치 않고, 또 한 다리 건너 모두 아는 사람들인지라 한 번 사귀었다가 헤어지기라도 하면 다시 새로운 사람을 만나기가 부담스럽기 때문일까….

그래도 위의 경우처럼 잘 만나, 결혼하고 아이도 낳아 잘 사는 경우도 있다.

최근 몇 년간은 슬로바키아 여성들과 결혼하는 한국사람들의 숫자도 눈에 띄게 늘어났다.

대부분 회사에서 만나 서로 결혼까지 이어지는 경우다.

그중에는 장인·장모의 사랑을 듬뿍 받으며, 처가의 사업체를 물려받아 잘 먹고 잘사는 한국인도 있고, 서로의 환경에 적응이 어려움을 겪는 사람도 있다.

하지만 이 모든 모습 또한 자연스러운 이민 생활의 한 모습들이다.

브라티슬라바 다운타운(Down Town)

지금은 한국으로 돌아간 H모 군이 있다.

협력업체 총각 과장이었는데, 약간은 당돌하면서 쿨한 녀석인지라 나이 많은 사람들이 보기에는 건방져 보이지만, 열 살이나 차이가 있는 나는, 나에게는 형, 형 그러면서 잘 따르곤 했다.

Balato Lake, Tihany, Hungary

드라마 『아이리스』에도 잠시 나왔었던, '발라톤(Balaton)호수'
주말에도 잠시 머물다 가곤하는데, 호수 전체로 숙박시설, 캠핑장들이 즐비하다.

Balato Lake, Tihany, Hungary

가끔 다운타운의 단골 Pub에서 맥주도 한잔 하면서 자신의 슬로바키아 여자와의 연애 경험담을 들려주곤 한다.

때마침 옆 테이블에 아리따운 두 명의 여대생이 있었는데, 이 친구가 잠시만 기다리라며 씩씩하게 여자 테이블 쪽으로 걸어가는 게 아닌가?

셋이서 한참을 시시덕거리면서 무언가 이야기를 주고받더니, 약간은 머뭇거리는 얼굴로 내가 있는 테이블 쪽으로 다가온다.

"형, 쟤네들이랑 같이 술 한잔 하기로 했는데, 쟤네들이 형이 결혼한 사람 같다고 해서…, 그렇다고 했는데…." 하며 미안한 얼굴로 말끝을 흐린다.

조금도 섭섭(?)하지 않았다. 같이 늦게까지 술 마실 기분도 아니었고, 아들 녀석과 챔피언스리그 축구를 같이 보기로 약속도 한지라, 맥줏값을 손에 쥐어주면서 "다른 친구 불러서 잘 놀고, 나중에 보고해라."라면서 자리를 떴다.

그녀들은 지방에서 브라티슬라바 구경 온 대학생들이었고, 나중에 들은 애기로는 매주 금요일, 토요일 밤이면 지방에서는 브라티슬라바 다운타운으로 구경 오는 시골 젊은이들이 많다고 했다.

작년 챔피언스리그 결승전 날. 밤 9시부터 첼시와 바이에른 뮌헨의 경기를 시내 맥줏집에서 직장 동료들과 시청을 했다. 펍(Pub) 안에는 인근 폭스바겐 자동차 생산공장에서 일하고 있는 독일주재원들과 일부 축구를 좋아하는 관광객들이 있었고, 싱가폴, 홍콩 정도 되는 관광객으로 보이는 동양인들도 있었다.

전반전이 끝나자 몇몇 손님들은 담배를 피우러 밖으로 나왔고, 담배를 피우지 않는 나도 바람을 쐬러 밖으로 나왔다.

"어느 나라 사람이니?" 한 50세 정도 돼 보이는 유럽남자가 어눌한 영어로 묻는다.

"꼬레아. 넌?"

"난 이태리에서 왔고, 여기 이 친구는 스페인에서 왔지." 그러면서 어깨를 움찟거리는 옆 친구와 가볍게 눈인사를 한다.

이태리계 물류회사 주재원으로 온 그들은 뮌헨이 이겨야 한다며, 섬나라 녀석들은 요란하고 실력이 없다고 한다. 그러고는 담배를 깊게 빨며 다시 나에게 묻는다.

"그런데 넌 슬로바키아 여자 친구가 몇 명이니?"

"응? 난 결혼했어."

대수롭지 않게 이야기했더니, 약간은 비웃는 투로

"알아. 그러니까 몇 명 있어?"

아직까지도 서유럽 남자들은 이 슬로바키아가 만만하게 보이는 거 같아 약간은 씁쓸한 경험이었다.

여름이 되면 이곳도 관광객들이 있다. 비록 유명 관광 도시의 몇십 분의 일 수준이지만, 나름 깃발을 들고 있는 가이드를 따라 수십 명의 이방인이 줄지어 주위를 두리번거린다.

그래 봐야 브라티슬라바 다운타운은 걸어서 한 시간이면 모두 둘러볼 수 있을 만큼 작고, 특별히 내세울 만한 관광 상품이 없는 곳이다.

브라티슬라바 성, 오페라하우스, 그리고 도시의 명물인 세 명의 아저씨 동상들. 아마도 이 정도.

세부적으로 의무를 부여하면 구석구석 돌아다니면서 하루종일 설명할 수 있지만, 그래 봐야 귀에 잘 안 들어 오고 관심도 그다지 생기지 않는다.

브라티슬라바의 다운타운은 혼자서 조용히 주변을 음미하며 걸어야 맛이 나는 곳이다. 가장 중심부인 칼튼호텔과 (구)오페라하우스 사이 부터 천천히 외곽으로 빠진 다음, 천천히 달팽이 모양으로 중심부로 산책하듯 걷다 보면, 브라티슬라바의 매력에 흠뻑 빠질 것이다.

수녀원도 있고, 테이블이 두어 개 있는 와인바도 있다.

다른 유럽의 유명 다운타운과는 달리, 골목이 많고, 반대로 사람이 없어 한적한 느낌도 난다.

그러니, 어느 가게나 들어가도 대접받고 바가지요금도 없다. 상냥한 슬로바키아 여종업원들의 모습에서 잠시 힘든 일상을 잊을 수도 있을 것이다.

반나절 정도에 돌아볼 여정으로 여유로운 보폭으로 주위를 둘러보며 걷는다면, 어느새 이 도시에 살고 싶은 나 자신을 발견할 수도 있지도 모른다.

하지만 겨울이 되면 분위기는 바뀐다.
한적하다 못해 적막한 기운까지 도는 다운타운(Down Town).
4시가 지나면 금세 어두컴컴해지며, 한 여름철의 나른함조차 전혀 없다. 카페나 레스토랑의 문틈으로 간간이 새어 나오는 불빛과 사람들의 웃음소리가 거리를 더더욱 썰렁하게 만든다. 눈 내리는 밤이라면 당장에라도 '성냥팔이 소녀'가 앞치마를 두른 채로 저 앞을 걸어가고 있는 듯한 착각도 든다.
가끔은 소매치기 여인네들도 있다.
붐비는 레스토랑이나 카페 주변에서 특히, 외국인 남자들에게 스킨쉽하면서 다가오는 경우가 있다면, 일단 지갑이나 핸드폰을 주의해야 한다. 특히나 양복을 입은 동양인은 주요 타겟이 된다.

가볍게 저녁 식사를 마치고, 다운타운의 멕시칸 레스토랑의 문을 나선 H씨.
비엔나에서 주재원 생활을 하는 H씨와 나는 모처럼 만나 이런저런 이야기를 하면서 저녁 식사를 마쳤다. 갑자기 창녀로 보이는 여인네 하나가 양복을 입은 H씨 앞에서 요염한 눈과 포즈로 스킨쉽을 시도 한다. 이내, 팔을 감싸 안으며 끈적한 목소리로 귀에 무언가 속삭이면서 정신을 빼놓는다.
일부러 천천히(?) 억지로(?) 그 순간을 모면한 H씨. 아뿔싸!!!
양복 안주머니의 지갑과 바지 주머니의 핸드폰이 사라졌다.
주위를 둘러보며 여인을 찾았지만, 당연히 어디론가 사라졌다.

허무한 다운타운의 겨울밤이었다.

국제학교와 로컬학교

아이가 있다면 학교문제는 어쩌면 먹고 사는 문제와 거의 동급일 정도로 중요한 문제이다.

크게 학교는 공립학교, 국제학교가 있다.

공립학교는 학비가 당연히 무료이고, 국제학교는 사립학교 즉, 장사하는 회사라고 보면 된다. 따라서 학년에 따라 일 년에 1만 유로 ~ 1만 5천 유로 정도의 학비가 필요하다.

대부분 한국학생은 영어로 수업 하는 국제학교에 다닌다.

다들 이민자가 아닌, 회사 일로 몇 년간 잠시 체류하는 상황이기 때문에 다시 한국으로 돌아가던가, 아니면 다른 나라로 이동해야 하는 상황이기 때문이다.

한국학생들이 주로 다니는 학교는 미국계 QSI 와 영국계 BIS 이다. 이 두 학교에 다니는 국가별 학생 수는 슬로바키아 다음으로 한국학생 수가 많다. 학교 전체인원의 약 4~5분의 1이 한국학생이다. 심하면 어떤 학년은 학생의 절반이 한국학생인 학년도 있다.

이밖에 캠브리지, 갈릴레오 등의 로컬 국제학교가 있는데, 가격이 약간 저렴하다.

반면에 한국학생 수가 전체의 3~5% 정도로 몇 명 안 된다.

여러 개인적인 상황 (학비 지원 정도, 교육 커리큘럼, 대학 진학 국가 등)의 사유에 따라 국제학교를 선택해서 다니고 있다.

슬로바키아 학생일 경우 4학년이 되면, 김나지움으로 전학을 가는 학생들이 꽤 있다. 초등학교 저학년 때까지는 영어로 수업을 받으면서, 영어를 익힌 다음, 4학년부터 대학 진학을 목표로 하는 공립학교로 이동하는 것이다.

슬로바키아어가 모국어인 학생들에게는 괜찮은 방법이다.

매년 아버지의 주재 임기에 따라 많은 한국학생이 한국으로 귀국하고, 또 새로운 학생들이 전학을 온다.

돌아가는 학생들은 한국 입시의 치열한 경쟁을 준비 하고, 새로 한국에서 전학 온 학생은 언어에 스트레스를 받는다. 그래서 일부러 한 학년을 낮춰 입학하기도 한다.

공립학교에 다닐 경우에는 슬로바키아어 레슨이 필수다. 부모가 집에서 학교생활, 수업 진도 등을 확인하기가 거의 불가능하기에, 저학년일 경우에는 더욱 특별한 관심이 필요하다.

이 모든 자녀교육은 대부분 대학진학을 염두에 두고 있다.

한국대학일 수도 있고, 미국대학, 혹은 유럽의 대학 일 수도 있다. 모든 대학이 저마다 각기 다른 입학 기준을 가지고 있는데, 엄마 중에 이러한 입시 정보에 대해 기가 막히게 통달한 분들이 계시다. 웬만한 진학 상담사 저리가라다. 이런 분들과 친하게 지내는 것도 좋을 것이다.

로컬학교에 다니는 학생들의 경우, 대학진학과 사회생활을 모두 이곳에서 준비하는 경우도 있고, 혹은 한국대학과 사회에 진입하기 위해서 일단 이곳에서 대학입학 후, 한국대학으로 편입, 교환학생을 준비하는 경우도 있다.

국제학교에 다니는 아이들은 현지 언어를 거의 하지 못한다.

하지만 공립학교에 다니는 아이들은 동유럽 언어와 영어를 같이 할 수 있다. 언어와 독서능력은 얼마나 열심히 공부했느냐의 문제이지만, 그래도 부모가 한국사람 일 경우 당연히 한국말을 가장 잘한다.

그래서 한국인들이 주로 거주하는 지역은 국제학교가 있는 주변으로 주거촌이 형성되기도 한다.

아 | 이 | 키 | 우 | 기

초등학생인 아들 녀석이 커가는 것을 보면서 뭐랄까….
'한국에서 키웠으면 어땠을까?' 하는 생각도 해 보았다.
하지만 결과적으로는 이곳에서 아이를 키우는 것에 대해서 잘한 결정이라고 생각한다. 가장 큰 좋은 점은 아이가 부모와 가장 좋은 친구가 된다는 점이다.
말도 잘 통하고, 슬로바키아어를 쓰는 나라에서 영어학교에 다니는 상황이고, 학교에도 한국학생이 몇 명 다니지 않는 학교인지라, 부모에 대한 의존도와 가족이라는 존재를 마음속으로 깊이 이해하고 있다.
슬프거나 아쉬운 일이 있다면, 나나 와이프의 품속에 안겨 엉엉 울어버리고 마는 녀석. 가끔 한국으로 가족 휴가차 들어가면, 주위의 또래 아이들에보다 좀 엉성하고, 어리숙한 느낌을 받는다.

지난 여름에는 스위스남자에게 시집을 간 친구네 집에서 며칠 묵고 왔다. 취리히 북쪽의 작은 마을에 예쁜 3층 집을 미술관처럼 꾸며 놓고 사는 친구다.
나의 아들보다 2살 어린 수줍은 남자아이 하나와 살고 있는데, 두 아이가 사촌처럼 며칠 잘 노는 것을 보고 친구가 말한다.
"동섭이네 애는 한국에서 온 꼬마 조카들이랑 많이 다르다. 지난달에 한국에서 조카들이 와서 같이 지냈는데, 애들이 금방 싸우더라고…. 왜 싸우나 봤더니…."
하며 이야기를 하는 내용은 즉 이렇다.
형을 형이라 부르지 않는다거나, 사실과 다른 이야기를 했을 때 서로 티격태격한다는 것이다. 당연히 이곳에서는 상대방을 호칭할 때 이름을 부른다. 선생님을 부를 때도 Ms.Katarina 혹은 Mr. Tomas라고 부르지, Teacher Toams라고 부르지 않는다.
물론 사촌 형이라도 이름을 부르는 게 자연스럽다. 간단한 교육을 했겠지만,

그래도 어색한 것은 잘 하지 않게 마련인가 보다.

형이라 부르지 않아 기분 나빠 싸우는 것 외에도, 무언가 이야기를 했을 때 바로잡고, 정정해야 하는 것 때문에도 싸운단다.

가령, 축구선수 중에 메시가 세계에서 축구를 제일 잘한다고 말하면, 한국 조카들은 "아니야, 호날두가 최고야, 아니야 루니가 최고야" 라는 대답과 자신의 의지를 관철하려는 남자아이다운 기백을 보인다는 것이다.

이 밖에도 한국이랑 스위스가 1억 km가 넘는다는 황당한 이야기를 했을 때도 정확하게 이야기하고 바로잡는 한국 아이에 비해, 우리 아이는 "그래? 그럴 수도 있겠네. 사람마다 느끼는 게 다를 수도 있지 뭐." 라며 또 다른 가능성도 인정을 한다는 것이다.

두 가지 외국어를 능숙하게 구사하는 것을 보면 부모로서 뿌듯하기도 하지만, 그 이상으로 안전하고 순박하게 자란다는 것에 만족한다. 환경적으로는 한국처럼 복잡하지 않고, 심한 경쟁도 없고, 약자를 보호하는 상식적인 사회인지라 말 그대로 밝고 명랑하게 자랐으면 하는 부모의 바람으로 아이를 키우고 있다.

팁 문화

한국에서 팁이라 하면 별로 깔끔한 이미지가 떠오르는 것은 아니다. 이상하게도 한국에서 팁을 받는다, 팁을 준다는 말은 여자들이 있는 술집에서나 쓰는 용어가 생각난다. 물론 호텔 투숙 시 가방 들어주는 도어맨 혹은 체크아웃하면서 청소하는 직원들을 위한 1천~3천 원 정도의 금액도 있다.

동유럽의 팁 문화는 서유럽, 미국과는 약간 다른 느낌이다.

보통 가격의 10%를 팁의 적정한 금액이라고들 하는데, 이 동네는 그런 분위기는 아니다.

3~4인 가족이 가볍게 식당에서 저녁을 먹을 경우 30유로(4~5만원) 정도가 나온다고 보면, 1유로 정도면 적당하다. 음식값을 낼 때도 한국처럼 카운터로 걸어가서 내는 것이 아니라, 허리에 지갑을 둘러찬 서빙 직원이 영수증을 테이블로 가져다주면 계산한다.

이때, 1~2유로 정도의 금액을 주면 된다.

택시나 미장원에 갈 때는 다로 팁을 주는 문화는 아니다. 그냥 1유로이하 짜리 거스름돈을 받지 않으면 되는 정도이다. 예를 들어 택시요금이 5.8유로가 나왔다면, 6유로를 주고 내린다는 등이다.

그런데 조금 이상한 것은 한국 레스토랑, 한국 호텔에는 팁을 주지 않는 점이다. 그곳에서 일하는 사람 또한 유럽인인데, 오히려 한국 스타일로 더 빡빡하게 일하는 거 같은데, 팁을 잘 주지 않게 된다. 팁을 주지 않는 것까지도 한국업소에 가면 뭐든 한국 스타일로 바뀌는 것 같다. .

가끔 불친절하거나 아주 맛없는 음식을 먹었을 경우에 항의 표시로 팁을 주지 않기도 한다.

슬로바키아어를 배우자

대한민국에는 한국어가 있듯이, 슬로바키아에는 슬로바키아어, 체코에는 체코어, 폴란드에는 폴란드어가 있다.

한국사람들은 회사에서 모두 영어로 일한다.

유학경험이 있거나, 외국인 배우자가 있거나 해서 영어를 능통하게 구사하는 경우도 있고, 한국 교과과정에 맞춰 착실히 배워 사용하는 사람들도 있다. 하지만 업무라는 것이 어느 정도 규격화되어 있기 때문에 매번 쓰는 비슷한 말로써 업무를 진행하는지라, 모두 업무상 의사소통에는 큰 문제가 없다.

그리고 한국 회사에서 일하는 슬로바키아 직원들을 채용할 경우, 따로 영어가 가능한 사람들을 뽑아 과장, 대리 등의 직함을 주기도 한다. 그래야, 한국사람들이 업무 지시를 영어로 할 수 있기 때문이다.

이 친구들이 한국사람들보다 영어를 잘하는 경우가 많다. 일단 알파벳을 쓰는 나라이고, 문화적으로 비슷하므로 어쩔 수 없다.

그래도, 일을 시키는 쪽은 한국인이기에 이해가 되지 않으면 몇 번이고 되물어 이해 할 수 있는 점은 참 좋다.

결론적으로 회사 일에는 슬로바키아어가 없이도 가능하다는 말이다.

그런데 현지어를 착실히 공부해 둔다면 분명히 또 다른 기회와 기분 좋은 변수가 생기는 점은 무시할 수 없다. 어쩌면, 그 기회와 변수가 당신의 인생 자체를 바꿀 수도 있기 때문이다.

슬로바키아어는 슬라브어족에 속하는 언어이고, 체코어, 폴란드어, 러시아어, 슬로베니아어, 크로아티아어 등과는 별도의 통역 없이 현지인끼리는 서로 이해할 수 있다.

인구가 500만밖에 안되는 슬로바키아이지만, 주변의 비슷한 언어를 사용하는 국가를 모두 합친 인구수는 한국 인구보다 훨씬 많기 때문이다.

일단 회사 밖을 벗어나면, 모든 간판과 공용언어는 슬로바키아어이다. 젊은 친구들은 대부분 영어를 하지만, 40대부터는 거의 못한다고 봐야 한다.

공무원의 경우도 마찬가지다.

비자 발급으로 외국인 경찰서를 가보면 한국사람들은 옆에 통역하는 사람을 하나 데리고 다닌다. 회사라면 회사 직원, 개인사업자라면 해당 변호사가 옆에 있다.

반면에 베트남, 중국인 등은 각자 알아서 처리한다. 어찌 말도 이리 잘할까. 대부분 자영업을 하는 사람들이고, 정말 생존을 위해 슬로바키아어를 배웠기에 언어를 습득하는 것이 곧 생존이기 때문이다.

살아 있는 정보를 얻기 위해서는 슬로바키아어를 이해할 수 있어야 하고, 시민권 신청, 영주권 신청시에도 언어 테스트 과정이 있으니 관심을 가져야 한다.

외국인을 위한 어학 과정은 도시별 종합대학교에 개설되어 있다. 지난 2004년 질리나 거주 백수 시절 질리나 종합대학을 찾아갔었다. 어학코스 입학 상담을 하기 위해서다.

학비는 일 년 코스로써 약 3,000유로였고, 학생 기숙사도 무료로 이용할 수 있는 조건이었다.

하지만 학생이 없었다. 달랑 나 한 명으로 어학 코스를 개설할 수는 없었다.

그래서, 시간당 10유로씩 주고 개인 과외를 받았다.

영어를 가르치고 있는 Katarina 라고 하는 여자였는데, 꽤 실력이 있었다.

대학이 아닌 사설 학원도 있다.

주로 영어, 불어, 독어와 함께 슬로바키아어도 개설되어 있는데, 4개월 코스로 등록을 하며 수강인원이 4명이 안 되면 폐강을 한다. 일주일에 두 시간씩 이틀 수업을 받으며, 가격은 4개월에 250유로 정도로 그리 비싸지 않다.

올해 초에 등록했는데, 나의 레벨 학생 인원이 2명밖에 안 돼 폐강이 되었다.

이 밖에 무료 강습소도 있다.

외국인을 위한 도움센터를 통해 주소를 받았다. 시내 중심부의 한 허름한 건물이다.

화요일 저녁. 식사를 대충 때운 후 일층 어두컴컴한 리셉션에 찾아갔다. 나의 어리숙한 얼굴을 눈치챈 나이 지긋한 경비아저씨는 말없이 엘리베이터를 쳐다보면서 손가락 네 개를 들어 보인다.

4층으로 올라가니, 깨끗하지 않은 조그마한 사무실이 있다. 아무도 없다.

두리번거리며 의자에 앉아 볼펜으로 뭔가 끄적거리고 있으니, 사람이 하나 들어온다.

청바지에 20대 중반의, 머리가 짧고, 약간은 가무잡잡한 피부의 북아프리카 청년이 날렵한 영어로 말을 걸어온다.

"하이. 처음 보는데?"

"하이. 그래 여기가 슬로바키아어 Class 맞지?"

"응. 처음 왔구나. 반갑다. 어디서 왔니?"

"꼬레아. 넌?"

"이집트. 그런데 넌 어느 레스토랑에서 일하니?"

"난 그냥 회사 다녀. 브라티슬라바는 아니고, 저기 갈란타라는 곳에서…."

"그렇구나, 아무튼 반갑다"

그러고는 이내 예닐곱 명의 북아프리카 청년들과 서너 명의 러시아계 미녀들이 들어오더니 서로 반갑게 인사를 한다. 태국과 중국인들도 눈에 띈다.

강사는 후덕한 아저씨였고, 교재는 없었다. 그저 화이트보드에 그때그때 상황 설명에 따라 이야기를 이어 갈 뿐이다.

하지만 같이 수업을 듣고 있는 친구들 말은 잘한다. 스펠링은 잘 모르지만, 여하튼 말은 정말 잘한다.

다들 레스토랑, 건설 용역, 중국 식당, 와이프가 슬로바키아인 등으로 생계를 꾸려나가는 사람으로서 슬로바키아어를 모르면 먹고 사는 데 지장이 있는 사람들이었다.

이처럼, 돈이 있으면 있는 대로, 없으면 없는 대로 슬로바키아어는 배울 수 있다.

이성 친구가 슬로바키아 사람이라면 더더욱 유리한 환경이지만….

식당 이야기

돌아가신 나의 어머니는 식당을 운영했었다.

내가 태어나기 전에는 서울의 성수동에서 큰 민물장어 집을 했었고, 내가 중·고등학교 시절에는 청담동의 한 아파트 상가에서 설렁탕, 감자탕, 비빔밥 등을 메뉴로 하는 상가 식당을 했다.

건강이 안 좋아 몇 해 쉬다가, 내가 사회생활을 시작했을 땐 심심하다며 다시 장어구이 전문점을 열었다.

그래서 나는 식당에 가더라도 종업원이나 주인에게 지나칠 정도로 매너를 지킨다. 음식에서 이물질이 나와도 화를 내거나, 심하게 항의를 하지 않는다.

한 번은 자주 가는 브라티슬라바의 중국 레스토랑 자장면에서 파리가 나왔던 적이 있다.

조용히 매니저를 불러, 조용히 처리했다. 비록 조용히 항의했지만, 이해는 했다.

슬로바키아 수도 브라티슬라바에는 한국 식당, 아니 한국 레스토랑이 두 군데 있었다. 한 곳은 일식과 한식, 다른 한 곳은 중식과 한식을 전문으로 한다. 하지만 한곳은 손님이 너무 많아 힘들다면서 비엔나로 이사를 했다.

말도 안 된다고 생각할 지 모르지만, 사실이다.

한국레스토랑인지라, 편하게 한국말로 주문하고, 음식을 실수로 잘 못 시키는 경우는 전혀 없다.

예전에 한국에서 TV를 보면 해외교민들을 방송해 줄 때면 으레 나오는 것이 한국 식당이다. 참으로 이국적이고, 어떤 기분일까 궁금했는데 별것 아니다. 그저, 배고플 때 밥을 먹는 곳이다.

월드컵이나 올림픽 같은 여럿이 봐야 재미있는 축구경기도 한국 식당에 모여서 보기도 한다.

한국 식당이 생기기 전에는 중국 식당에서 회식이나 모임을 했다. 장사 수완이 좋았던 중국인, 대만인들은 재빨리 한국 메뉴와 한글 메뉴판을 만들기도 했다.

중국 레스토랑에서 먹는 김치찌개, 짜장면, 소주, 계란찜 등은 뭐랄까…. 중국과 한국을 넘나드는 묘한 맛이었다.

한국사람들이 주로 다니는 중국식 당은 네 군데 정도다.

그리고 경쟁이 치열해지는 최근에는 이들 중국 식당들은 뷔페스타일로 변신하고 있다. 점심때는 인당 5유로 정도로 중국 음식과 스시로, 저녁 식사는 10유로에 점심 메뉴와 즉석 철판요리를 제공한다.

슬로바키아이지만, 슬로바키아 전통음식 먹기가 쉽지 않다.

동네식당이든, 다운타운의 식당이든 피자나 퓨전요리가 대부분이다. 어느 정도 규모가 있는 레스토랑은 인내심이 필요하다. 종업원을 부를 때도 눈을 마주치는 것으로 해야지, 손을 들어 큰소리로 종업원을 부른다면 이상한 동양인으로 오인 받기에 십상이다.

타이밍이 안 맞으면, 테이블에 10분 이상 메뉴판도 없이 멍하니 앉아 있을 수도 있을 정도로, 이 동네 서비스는 빠릿빠릿하지 않다. 그래도 시내의 외국인들이 자주 가는 레스토랑들은 동네의 서비스보다 능숙한 편이다.

보통 자리에 앉으면 종업원이 다가와 메뉴판을 건네며 음료수는 무얼 할 거냐고 물어본다.

한국에서 온 지 얼마 안 된 사람이라면 메뉴판을 보며 한참을 생각하거나, 좀 보고시킨다고 그럴 것이다. 이럴 경우 식사를 할 때까지 시간이 좀 많이 소요될 수도 있다. 한 번 떠난 종업원을 손님 마음대로 오라 가라 하기 어려운 문화이기 때문이다.

음료수를 시키면 가져오는 동안 메뉴를 골라두어야 한다.

탄산음료나 주스 등은 한국과 똑같은 맛이다. 그리고 당연히 물도 돈을 내고 마셔야 한다. 물은 가스 포함 정도에 따라 크게 세 가지로 나뉘니, 가스 물도 한번 마셔보는 것도 좋다. 가스가 없는 것(네 뻬를리바), 조금 있는 것(엡네 뻬를리바), 가스가 많은 것 (뻬를리바)으로 구분된다.

또, 코폴라(Kopola)라고 하는 슬로바키아 국민 음료가 있다.

콜라와 쌍화탕을 살짝 섞은 맛인데, 생맥주 잔에다 준다. 여름에 더울 때 마시면 정말 시원하다.

수프와 메인을 주문하고 나면, 이제 주문은 끝났다.

수프는 금방 나온다. 마늘수프, 치킨수프, 쇠고기수프 등이 있는데, 수프를 다 먹어야 메인식사를 가져다준다. 메인이랑 같이 먹겠다고, 옆에 가만히 놔두면 종업원이 치워가려고 하거나, 다 먹을 때까지 기다린다.

메인은 한국에서 흔히 먹던 음식들도 많다. 스테이크, 연어, 스파게티, 피자 등등….

맛있게 먹다가 잠시 포크와 나이프를 놔두고 이야기를 하다 보면, 종업원이 와서 접시를 치워가려고 할 경우가 있을 수 있다. 이때 종업원을 이상하게 노려보지 말고, 접시 위의 포크와 나이프를 일렬로 포개져 있지 않았나 보자. 포크와 나이프를 일렬도 포개어 놓아두면 다 먹었다는 뜻이 되기 때문이다.

아주 시골동네의 허름한 식당이 아니라면, 기본적인 영어가 통한다. 가끔 주문이 잘 못 전달되어 주문한 음식보다 더 많이 나오거나, 엉뚱한 메뉴가 나오는 경우가 있는데, 이럴 경우 차분하게 주문한 내용을 다시 알려주면 된다.

영어를 모국어처럼 구사하는, 혹은 영어가 유창한 한국사람이 주문할 경우에 음식주문을 실수하는 경우가 가끔 있는데, 영어는 우리뿐 아니라 이 친구들에게도 외국어이기 때문이다.

"나는 콜라를 원해요. 그리고 수프는…. 이 수프는 뭐가 들어간 거에요.? 나는 이 수프를 원래 좋아했는데, 수프까지 먹으면 좀 배가 불러서 못 먹을 거 같네요. 콜라는 물론이고 식사는 연어 스파게티로 할게요."

굳이 말하자면 이런 식의 영어로 주문을 한다.

콜라 1잔과 연어 스파게티를 주문했건만, 결과적으로 콜라 2잔, 수프, 스파게티를 차례로 서빙하는 종업원을 보게 된다.

외국에 처음 나온 사람들이 오히려 단순하고, 메뉴 주문에 실패가 없다.

"원 콜라! 원 살몬 스파게티! 플리즈!"

Bratislava, Slovakia

Bratislava, Slovakia

Banska Stiavnica, Slovakia

길을 걷다 만나게 되는 주택가와 골목들….
때로는 외롭고 쓸쓸하게 보일 때도 있고,
때로는 아무느낌 없는 그저 하나의 돌덩어리에 불과할 때도 있다.

입·출국하기

　일본 오사카를 떠나 비엔나 공항에 처음 도착한 나는 무척 얼떨떨했다. 어서 입국 심사대를 통과한 후, 공항 버스로 슬로바키아까지 가야 하기 때문이다.
　일단, 앞의 사람들이 따라가는 대로 뒤를 쭉 따라갔다.
　밤늦은 시간이라 사람도 없고, 나 외에 몇몇 국제결혼 한 일본인을 빼고는 모두 유럽인들이라 출구를 잘 알고 있을 거로 생각했다.
　좁은 통로를 지나 게이트가 있다. 그들과 같이 한 줄로 걸어갔다.
　그런데 저쪽에서 큰 소리가 들린다.
　"Hey! This Way Come on."
　Non EU인데, 왜 그 사람들 따라가느냐는 입국 심사관의 말투다.
　여권과 왕복 항공권을 보여주니 피곤한 얼굴로 무뚝뚝하게 말한다.
　"Keep going."
　한 나라의 첫 이미지는 공항 입국 심사대에서 결정된다.
　입국 심사관의 친절한 멘트는 그 나라를 너무나 낭만적으로 보이게 하지만, 반대의 경우는 두고두고 안줏거리로 전락해 버릴 것이다.
　한국과 EU 국가는 무비자 협정체결이 있어 단순 방문일 경우 최대 3개월간 체류를 할 수 있다.
　하지만, '무비자 협정'일 뿐이지, '무조건 입국이 가능하다.'라는 말은 아니다. 당신의 입국 허가 여부와 비자의 기간은 순전히 당신 앞의 높은 의자에 앉아 있는 유럽인의 몫이다.
　비행기가 도착하여 출구 쪽으로 사람들을 따라가면 입국 심사대를 찾을 수 있다. 하지만 계속 그들을 따라간다면, 당신은 제제의 목소리를 듣게 된다. 바로 'EU'와 'NON EU'가 나뉘어 있기 때문이다. NON EU 쪽에 서 있는 사람들은 몇 명 없다. 많아야 열 명 정도인데, 어쩌면 동포를 만날 수도 있다. 우리 같은 아시아인일 수도 있고, 나이지리아나 짐바브웨에서 온 흑인, 드문 경우지만, 미국이나 캐나다 관광객일 수도 있다.

여행책자나 다른 사이트를 보면 어찌 묻는 말이 다 똑같다. '왜 왔냐?' '얼마나 있을 거냐?' 정도가 기본이고, 조금 지저분해 보이거나 초조해 보이면 가지고 있는 돈이나, 왕복티켓을 보여 달라고 한다.

위에도 말했지만, 한국과 EU 국가 간에는 3개월 무비자 협정이 되어있지만, 그것이 한국사람이라면 무조건 입국을 할 수 있다는 말과는 다르다. 비자만 필요 없다뿐이지 해당 입국심사관으로부터 입국심사를 받는 것은 중국인과 같다.

입국 전에는 심사관이 입국 목적을 물었을 때 대답할 말을 확실하게 정해두도록 한다.

슬로바키아 여행 목적이라는 게 가장 무난할 것이다.

다시 한 번 말하지만, 괜히 쓸데없는 이야기로 입국심사관과 긴 이야기를 할 필요가 없다. 그들의 임무는 관광객을 환영하는 것이 아니다. 불법체류자로 의심되는 사람을 쫓아 보내는 일을 하는 것이다. 이들은 매우 피곤하고 근엄한 업무를 하고 있다고 스스로 생각하고 있다.

그들과 길게 이야기하고 농담할 생각을 피하고, 가능한 고분고분 협조해라.

자동차 관련

슬로바키아에 10년 가까이 살면서 자동차 관련으로 크고 작은 사건이 있었다.

교통사고 3번, 교통경찰에게 걸려 벌금 낸 적 5번, 절도범에 의한 차량 파손 2번, 그리고 주차위반으로 족쇄가 2번이다. 출퇴근용 회사 차량과 아들 녀석 등하교용으로 사용되는 와이프 차량 두 대이지만 나름대로 선방하고 있다.

교통사고 3번 중 2번은 꽤 큰 사고였는데, 이곳 라디오에서 생방송을 할 정도로 큰 사고였다. 와이프가 운전을 하다가 앞에 갑자기 나타난 거미 때문에 한눈을 팔았고, 이어진 3중 추돌의 주범이 되어버렸다.

차 앞쪽 보닛이 거의 절반 수준이 되어버릴 정도였는데, 뒤에 앉아 있었던 당시 4살짜리 아들의 입술에서는 피가 났지만, 다행히 큰 부상은 아니었다.

그런데 놀라운 것은 우리 때문에 사고를 당한 차량에서 사람들이 내리더니, 먼저 우리 쪽으로 다가왔다. 그리고는, "애는 괜찮니?"고 물어본 것이 첫 마디였다.

뒷목을 잡거나, 죽는 소리하는 사람은 없었고, 경찰이 오자 우리 과실 100%로 보험증과 안전거리 미확보의 명목으로 벌금 50유로(7만원)을 냈다.

우리처럼 쌍방과실이 없어, 언제나 한쪽의 100% 과실만 인정된다.

주차할 때에는 항상 신경을 써야 한다.

대충 불법주차를 할 경우에는 어김없이 차에 족쇄가 채워져 있거나 견인을 당한다. 또 주차시에는 차안에 가방, 핸드폰, 네비 등의 물건들이 보이게 놔두지 않도록 해야 한다.

재수 없으면 집시나 좀도둑들의 타킷이 될 수 있다. 특히나 국제학교 주변, 쇼핑센터 등 외국인들이 주로 다니는 곳에는 더욱 주의가 필요하다.

고속도로 티켓

고속도로 티켓은 이곳 생활에서 빼놓을 수 없는 것 중의 하나이다. 휴가를 가거나, 출퇴근, 출장 등등에서 가장 기본이 되어야 하는 것이고, 이를 무시했을 때는 어마어마한 벌금이 기다리고 있다.

슬로바키아의 고속도로는 스티커 형식으로, 차량 우측상단에 붙여야 한다. 한국처럼 구간별로 톨게이트를 통과하면서 일일이 요금을 내는 것이 아니라, 정해진 기간만큼의 스티커를 구입해서 본인이 직접 붙이는 것이다. 슬로바키아

뿐 아니라, 오스트리아, 헝가리, 체코도 같은 시스템인데, 폴란드는 한국처럼 톨케이트 방식으로 운영된다.

보통 슬로바키아에 사는 한국인들은 1년짜리 슬로바키아(50유로), 오스트리아(80유로) 스티커를 사는 것이 보통이다. 슬로바키아 고속도로는 항상 이용하게 되는 것이고, 비엔나, 짤스브르그, 판도로프 아웃렛매장 등등의 이유로 오스트리아에 차를 몰고 가는 빈도가 높기 때문이다.

나의 경우에는 업무상 체코와 폴란드를 자가용으로 방문하는 경우가 많은데, 굳이 고속도로가 아닌 국도로도 이동이 가능하기에 티켓은 필요가 없다.

휴가철이면, 오스트리아를 지나 슬로베니아, 크로아티아, 이탈리아, 스위스, 독일까지 자동차 여행이 가능하다.

슬로베니아, 스위스는 스티커 형식이고, 크로아티아, 이탈리아는 톨게이트 방식이다. 하지만, 독일은 고속도로 요금이 무료인데, 잘 모르는 사람이 많다.

몇 년 전 오스트리아 고속도로에서 벌금을 크게 문적이 있었다. 슬로바키아 수도 브라티슬라바에 살면서 약 40분거리의 아웃렛 쇼핑매장 ('오스트리아'의 '판도로프'라는 작은 마을에 위치)에 자주 가게 된다.

오스트리아 고속도로 티켓이 없는 우리는 주로 국도로 다니지만, 이날은 뭐에 홀렸는지, 집으로 돌아오는 길에 '괜찮겠지'하는 생각으로 오스트리아 고속도로를 타고 오스트리아-슬로바키아 국경을 통과하는 중이었다.

하필, 오늘이 티켓 단속날 일 줄이야…

한쪽으로 차를 빼라는 오스트리아 경찰의 안내와 슬로바키아 경찰보다 더 무시무시한 오스트리아 경찰의 기에 눌려 도대체 얼마의 벌금을 내야 할까.. 생각중이던 찰라…

120유로(약 18만원)를 내야 한다는 짤막한 영어가 들렸다.

슬로바키아에서 늘 하던 식으로 '가격협상'에 들어가려 하자, 오스트리아 경찰은 더욱 근엄한 표정으로 말한다.

Old housing, Banska Stiavnica, Slovakia

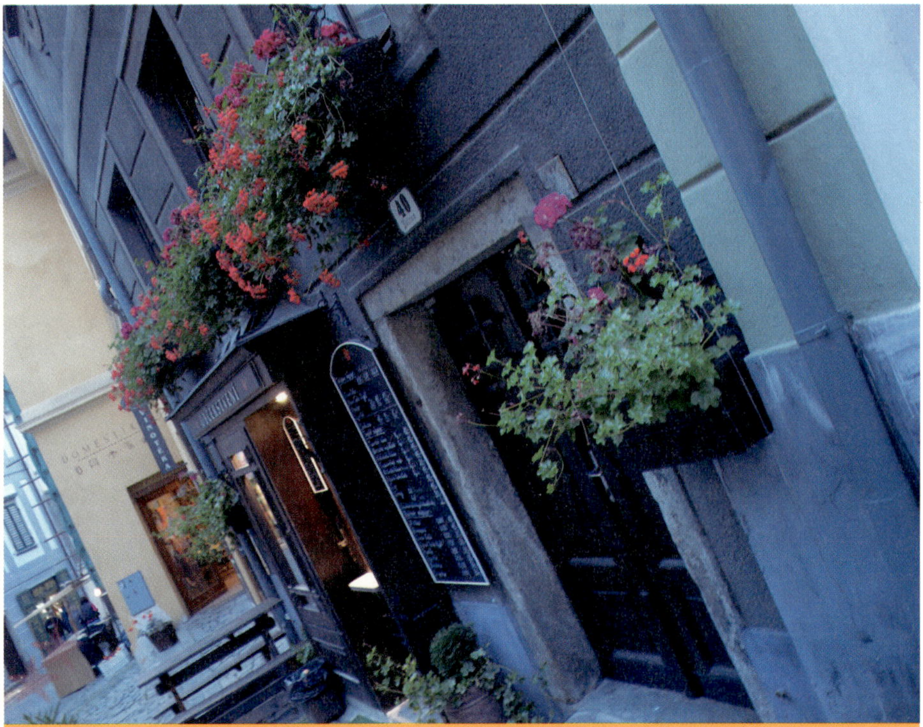

오래되고 낡은 것, 새롭고 모던한 것, 오래되서 좋고, 새로워서 좋다

"한 번 더 말하지만 지금 벌금을 내지 않으면 차에 족쇄를 채울 것이고, 족쇄를 풀고 추가 벌금까지 하면 4100유로(약 600만원)을 내야 한다"면서 영어로 된 메뉴얼을 보여준다.

그 즉시, 가진 돈 다 털어 120유로를 내고 황급히 빠져나왔다.

그런데, 이상한 것은 슬로바키아 경찰에게 벌금을 내면 뭔가 바가지 쓴거 같고, 내가 낸 돈은 제 주머니로 들어갈 것 같은 느낌인데 반해, 오스트리아 경찰은 왠지 그러지 않을 것 같다는 느낌이다. 물론, 그럴리 없겠지만 말이다.

대중교통

나 자신이 유럽에 있다는 것을 가장 잘 느끼게 해주는 것이 대중교통이다.

트램, 트롤리버스, 메트로, 버스, 택시 등이 있는데 트램이야 말로 동유럽 분위기를 가장 그럴싸하게 표현해주고 있다.

슬로바키아는 아직 메트로(지하철)이 없다. 하지만 부다페스트, 프라하, 바르샤바는 지하철이 있다. 슬로바키아에서는 아직 필요를 느끼지 못하나 싶다.

트램은 정확한 시간에 정류장에 도착하고, 학생 방학기간과 그 이외 기간의 스케줄이 다르며, 차 안에서는 검표원이 상주하지 않는다. 타기 전에는 미리 티켓을 소지하고 있어야 하는데, 티켓만 소지한다고 해서 되는 것이 아니라, 티켓 체크기에 스스로 티켓팅을 해야 비로소 차비를 낸 것이 된다.

5시 칼퇴근한 나는 모처럼 일상을 즐기고 싶었다. 주로 차를 몰고 집 주차장에 도착하여 퇴근하는 그림이지만, 비도 주룩주룩 내리고, 와이프와 아들녀석은 잠시 한국에 가 있어, 대중교통으로 퇴근하면서 저녁을 먹고 들어가기로 했다.

모처럼 저녁 시간의 다운타운은 한가롭다. 비도 내리고, 관광철도 아닌지라 모두 저마다 쓸쓸한 모습으로 어딘가로 향하고 있다. 패스트푸드점의 햄버거로 저녁을 때운 나는 집에 가기 위해 트램 정류장으로 향했다.

비를 맞으며 수줍게 서 있는 노란색 발권기의 90센트(1시간)짜리 버튼을 누르니, 0.90이라는 숫자가 찍히면서 동전 투입구가 열린다. 어서 동전을 넣으세요. 라는 말을 하는 것 같다. 1유로짜리를 넣으니, 한참을 프린트 소리가 들린 후 10센트 거스름돈과 트램표가 한 장 나온다.

퇴근하는 젊은 여자, 책을 한 아름 끼고 있는 할아버지, 아이 둘과 트램을 기다리는 젊은 엄마….

트램이 도착하자 비를 피해 서둘러 트램에 오른다.

앉을 자리가 몇 군데 보인다. 바지 밑단이 젖어 불편했다. 플라스틱으로 만든 트램 의자는 약간의 끈적한 느낌이 나지만, 그래도 서 있는 것보다는 나았다.

두 정거장이 지나자 비가 더 거세진다. 그러더니 배가 남산만 한 중년 아저씨가 가방을 들고 급히 트램에 오르더니, 갑자기 무언가 신분증을 내보인다. 이에, 모든 승객이 한순간 부스럭부스럭 소리를 내며 저마다 무언가를 꺼낸다.

검표원의 습격이다.

정기권, 경로 우대증을 휴대용 체크기에 체킹하기도 하고, 나같이 1회권의 날짜와 출발시각을 확인하기도 한다.

뒤쪽을 보니, 검표원이 한명 더 탔다. 30대로 보이는 여자 하나가 아주 곤란한 표정을 짓는다. 티켓을 잃어버렸다고는 하나 왠지 연기가 서투르다. 50유로짜리 벌금 영수증을 발부하면서 작은 소동이 마무리되었지만, 당사자의 얼굴은 창피함과 벌금에 대한 부담감으로 오늘 하루가 악몽이었으리라.

의외로 트램, 버스 등을 이용해보지 않는 한국사람들이 아주 많다. 대부분 회사 차량 혹은 자가용으로 이동을 하기 때문이다. 심한 경우는 주재 기간 4~6년동안 트램을 한 번도 타 보지 못하고 귀임을 하는 사람들도 있다.

회사—집 그리고 가끔은 회식을 주 일과로 삼는 한국인들에게는 대중교통이 기분전환에도 도움이 될 듯하다.

혹시 아는가. 우연히 트램 안에서 로맨스가 생길 수도 있을지….

Selce, Slovakia

조금만 외곽으로 나가면 전원주택들을 쉽게 만날 수 있다.
다락방 주인 어린이와 우연치 않게 인사를 나누게 된 일요일 아침.

택시 타기

이곳의 택시는 한국과 정반대다. 방향이 아니라 요금 말이다.

콜택시가 싸고, 길에서 잡아탄 택시는 비싸다. 심하게는 두 배 이상 차이가 난다. 지나가는 택시를 야간 할증 시간에 잡아 타면, 10분 정도 소요되는 거리를 5만 원 이상 주고 타야 한다.

웬만한 한국회사들은 자가용 택시 업자들과 거래를 하고 있다.
대기업이든 소기업이든 대부분 그렇다.
재미있는 것은 이 땅에 대리운전 시스템은 한국인이 들어오고 나서야 시작되었다는 것인데, 이 때문에 수십 군데의 택시 회사들이 한국 회사와 거래를 하고 있다.

여름휴가를 앞둔 금요일. 다음 주부터는 공장이 Shut down에 들어간다. 그동안 고생한 10명의 한국직원은 브라티슬라바의 한국 레스토랑에서 회식한다. 소주와 광어회, 그리고 김치찌개 등등의 메뉴로 얼큰하게 취기가 오른다.
이제 9시. 슬슬 대리기사를 불러야 한다.
자가용 10여 대로 택시 사업을 하는 Mr. Jozef에게 전화하여, 대리운전기사 6명과 택시 1대를 부른다. 6명이 차를 가져왔으며, 나머지 4명 중 3명은 차를 가져온 사람의 차를 얻어 타며, 나머지 한 명은 사는 곳이 수도에서 60km 떨어진 회사 근처라, 택시를 이용한다.
20분이 지나고 나니, 3명의 대리기사와 택시 한 대가 왔다.
지금, 다른 한국회사에서도 대리기사 요청이 있어, 3명이 두 번 왕복하면 안 되냐고 한다.
레스토랑 안의 다른 회사 한국인들도 저마다 택시 회사에 전화를 걸어 대리기사와 택시를 부른다.

가끔은 남이 부른 대리기사를 자신이 부른 대리기사로 오해하기도 하고, 지금 당장 오라고 해 놓고는 술자리가 끝나질 않아 기사들이 한 시간 이상 기다리기도 한다. 이 경우, 약간의 Waiting 비용이 붙는다.

그중에는 벤츠나 BMW 같은 고급차종으로 사업하는 사업자들도 있다. 위의 경우는 가격이 일반 택시보다 약간 비싸다. 그래서 회식이 아닌 개인적으로 이용하는 경우에는 직접 택시 회사로 전화를 걸어 택시를 부른다.

Radio taxi, Euro Taxi 등등 이곳 사람들이 이용하는 일반 택시이다. 내 이름과 위치, 목적지 등의 이야기를 해주면, 차종과 함께 대기시간을 알려준다. 택시가 오면 이름 확인 후 타면 된다.

이러한 개인택시들은 택시 콜 서비스 회사에 소속되어 한 달 200유로 정도 회비를 내고 콜서비스를 받는다.

운동을 하자

"김부장님, 내일은 어디서 운동하시죠?" 혹은 "어이 남대리, 내일 시간되면 운동이나 할까?"

여기서 운동이라는 말은 즉 골프란 말과 동일시된다.

이곳에서의 한국 직장인들은 운동이라고 이야기하고, 골프라고 이해한다. 와이프들 알아듣지 못하게 하는 무슨 암호 같기도 하다.

어찌 되었건 운동은 한다.

꽃피는 춘삼월부터 낙엽 지는 가을까지는 대부분 모든 한국 직장인들은 골프를 치러 다닌다. 회사 골프 모임, 친목 골프 모임, 동갑 골프 모임, 동향 골프 모임, 한인 골프 모임 등등 이런저런 명목과 건강상의 이유로 골프를 친다.

이곳도 다른 서양국가와 마찬가지로 캐디도 없고, 평생 회원권도 없다. 50~100유로를 내고 전화로 쉽게 예약을 한다.

골프란 운동은 참 묘해서, 골프 실력이 아마추어 고수정도 되면, 왠지 업무나 그 밖의 다른 일들에 대해 혜택을 받기도 한다. 마치 토익점수와 동등하다고나 할까….

골프를 많이 좋아하는 사람들은 연간 회원권을 구매하여, 부부가 함께 주말을 즐기기도 한다. 문제는 10월로 접어들면 해가 짧아지면서 여름보다 골퍼들을 수용할 수 있는 시간이 절반으로 줄어든다는 점이다.

이럴 땐 다시 테니스와 배드민턴으로 종목을 바꾼다.

스크린 골프장도 몇 군데 마련되어 있지만, 그리 인기가 없다. 대신 배드민턴, 스쿼시, 테니스의 실내 시설이 훌륭하고, 코트도 넉넉한 편이며, 특히 테니스의 경우에는 야외 코트에 돔을 씌워 실내 테니스장으로 사용한다. 평균온도도 20도가량으로 모두 반바지와 반팔로 테니스를 한다.

하지만 야구, 축구, 농구 등의 단체 운동은 그리 많이 즐기지 않는다. 기본적으로 단체 운동은 모두의 일정을 맞추기가 어렵기도 하고, 모두 최소 30대 이상의 나이인지라 몸조심하는 가 보다.

이곳 피트니스에 가면 각자 멋진 몸을 뽐내면서 운동에 열중하는 슬로바키아인들을 감상하는 것도 큰 재미이다. 한국과 마찬가지로 정기권과 쿠폰 등 여러 가지 방법이 있으며, 1회 이용 시에는 약 3천 원 정도로 이용할 수 있다.

임신과 출산 그리고 양육비

나의 아들은 아일랜드 더블린에서 태어났다.

약 10년 전이었고, 당시 월 130유로를 아일랜드 정부로부터 받았다. 병원은 공립병원을 이용했으며, 정기 점검, 출산 및 입원 관련 비용은 모두 무료였다.

최근 이곳 슬로바키아에서 출산하는 한국인이 많이 늘어났다.
처음 왔을 때 몇 년 전까지만 해도 임신을 하면 대부분 한국으로 돌아가 출산하고, 산후조리를 한 후, 아이와 함께 슬로바키아로 되돌아오곤 했는데, 요즈음의 엄마들은 참으로 씩씩하고 건강하다. 아니면 남편을 너무 사랑(?)해서 떨어지고 싶지 않아서일까?

슬로바키아 병원 혹은 국경을 넘어 오스트리아 국경 도시에서 출산하기도 한다. 아무래도 오스트리아라는 선진국 이미지 때문에 심적으로 안정을 할 수 있고 거리도 2~30분 거리에 있으니 큰 부담이 없다. 슬로바키아에 살고 있기 때문에 당연히 오스트리아 비자가 없지만, 그래도 오스트리아의 병원에서 출산하는 것은 국제 보험 때문이다. 많은 수의 한국 회사에서는 한국 직원들에게 복리후생 개념으로 국제의료보험을 제공해 주는데, 모든 의료비를 실비정산으로 지급한다. 가격은 인당 월 100유로 정도인데, 좀 더 광범위한 서비스를 받을 경우 금액이 올라간다.

정상적인 비자를 소지하고 있다면, 당연히 건강보험을 가지고 있을 것이고, 그렇다면 가지고 있는 건강보험 종류에 따라 계약병원을 미리 파악해둘 필요가 있다. 한국처럼 국민건강 보험이 아닌, 보험이 개방되어 있기 때문이다. 그럴 경우 거의 무료로 해당 병원을 이용할 수 있다. 하지만 슬로바키아에서 출산을 하는 경우는 대부분 사립 산부인과로 간다.
대부분 위에 말한 국제의료보험을 가지고 있어서이기 때문이지만, 그냥 일반보험만 있다면 슬로바키아 공립종합병원을 이용하면 된다. 역시 무료다.

여기도 아이가 출생하면 다달이 양육비를 준다.
0~3세까지는 월 200유로이고, 그 이후부터는 23유로씩 만 18세까지 부모 통장으로 입금된다.
아이를 키우기에는 개인적으로 참 좋은 환경이라고 생각한다.

대신 엄마가 미리 주사 스케줄과 응급실, 병원 등을 미리 파악해서 실수만 없다면 말이다.

아이를 데리고 버스나 트램을 이용하기가 아주 쉽고, 길을 걷거나, 장을 보거나, 기차를 타고 장거리 여행을 한다거나 모든 면에서 아이와 아이 엄마는 항상 배려를 받는다. 더군다나, 동양인 특히, 한국인 아이를 보면, 주위의 사람들이 신기하고 귀여워서 사진도 찍고, 과자도 건네주는 등 관심이 집중되곤 한다.

미장원과 이발소

외국에서 특히 한국미용실이 없는 곳에서 남자들의 이발은 고민거리 중 하나이다.

보통 미용실에 가면, 하나하나 물어보면서 머리를 깎는다.

머리를 감거나 왁스, 젤을 바르면 추가 요금이 든다. 그래도 아무리 잘 깎아도 한국 동네 미장원만큼의 퀄리티가 나오질 않는다. 가격도 보통 10유로 정도 하니 만 오천 원 정도인데, 뭣 모르고 머리깎기 전과 후 두 번 머리를 감고, 젤도 바르고, 마사지랍시고 머리 몇 번 주무르면 3~4만 원이 나오기도 한다.

그래서 한국에 휴가차 방문하게 되면 으레 미용실에 가서 머리를 다듬고 오게 되는데, 자주 듣는 말이 있다.

"도대체 머리를 누가 이렇게 잘랐어요?"

구구절절 설명하기 귀찮기도 한지라 보통은 "집에서 와이프가 한번 깎아 본 거예요." 라고 대답한다.

"아, 그래서 그렇구나…." 라는 대답을 들으면 참 씁쓸하다.

이제는 단골 미용실이 생겨 시행착오는 하지 않는다.

회사 근처는 작은 지방도시지만 이래저래 한국사람들이 많은 동네라 한국직장인들이 오면 으레 기계처럼 깎아 주는 남자 미용사가 있다.

자리에 앉으면 앞머리를 잡으며 OK? 하고 물어본다. 앞머리 길이만 잡히면 전체적인 길이가 잡히나 보다.

머리만 깎으면 4유로, 머리 감고, 젤 바르고, 두피 마사지까지 하면 6유로로 1만 원 미만이다.

주위의 한국남자들은 얼굴은 다르지만 모두 같은 헤어스타일을 가지고 있다는 것도 참 재미있는 사실이다.

최근에 비엔나에서 미용실을 운영하던 한국미용사가 슬로바키아와 오스트리아 국경 마을에 미용실을 개업했고, 사업을 하는 남편을 둔 미용사가 슬로바키아에 조그마한 미용실을 운영하고 있어 그나마 선택의 폭이 넓어져서 머리 깎기가 전보다 훨씬 수월해졌다.

내 주위의 외국인들

살면서 이런저런 외국인을 만난다.

우리도 외국인인지라, 다른 외국인과는 서로 동병상련의 처지인지라 슬로바키아에 대해 험담도 하고 칭찬도 하고 그런다.

아시안이라고 하면 중국 아니면 베트남이었던 시절이 있었다. 적어도 9년 전에는 그랬다.

처음 슬로바키아 땅을 밟았을 땐, 난 백수였고 잘 곳도 정해지지 않았다. 그때, 브라티슬라바 다뉴브 강변에서 우연히 만난 일본인 할아버지가 내가 슬로바키아에서 처음 만난 외국인이었다. 전쟁통에 서울에서 출생했다는 그 분(Mr. Nishizima)은 처음 보는 나를 자신의 아파트로 데려가 이틀 동안 머물게 했다.

정년퇴직 후, 다시 절반의 임금으로 다니던 건설 회사에 재취업했고, 회사가 동유럽에 진출하면서 주재원으로 발령받았다고 하는데, 아트스쿨도 다니고, 슬로바키아 어학원도 다니는 등 알차게 생활하고 있다.

성당에서도 여러 외국인과 친하게 지내는 편인데, 주로 필리피노가 많다. 대사관 직원들도 있고, 유학생도 있는데, 영어로 미사를 진행하는 성당에서 친분을 쌓아가고 있다.

아일랜드에서 오신 나이가 지긋한 수녀님도 있다. 우리도 아일랜드 거주 경험이 있어, 동네 이야기, 날씨 이야기, 관광지 이야기로 금세 친해지곤 한다.

지금은 미국으로 돌아간 아이 5명이 있는 가정도 기억에 남는다. 10, 8, 3살 먹은 3형제와 엄한 아버지, 어머니는 미국대사관 직원이었는데, 막내 녀석이 나의 아들과 나이가 같았다. 엄청나게 장난꾸러기였는데, 아마도 형제가 많은 집이라 사랑이 그리웠나 보다.

아무튼 미사 시간에도 까불다가 아빠의 손에 이끌려 성당 밖에서 혼이 나기도 하고, 아예 밖으로 쫓겨나기도 했는데, 어느 날 엄마의 배를 보니 만삭이 되 그렇게 딸이 태어나고 동생이 생겼지만, 이 녀석의 장난은 그칠 줄 몰랐는데, 딸아이가 2살 정도 되니 또다시 엄마의 배가 불러있었다.

그렇게 다섯 번째 아이가 태어났고, 가족은 임기를 마치고 다시 미국으로 돌아갔다. 내 아들이 지금 11살이니, 그 녀석도 많이 성장해 있다는 생각을 해 본다.

지금 사는 아파트 위층에도 친한 외국인이 산다. 아니, 친한 한국 동생의 남편이 외국인이다. 국적은 불가리아이지만, 아버지가 러시아인이기 때문에 러시아인 피도 흐른다.

이 친구 참 괜찮다.

한국 정서를 가지고 있으면서도, 일에 대한 전문성도 가지고 있고, 한국 남자들이 가지고 있는 만큼 가정에 대한 의무감도 강하다. 외국인 남편은 자유로운 영혼들이 많은데 이 친구는 전혀 그렇지 않다.

본인도 동유럽 사람인데, 동유럽 국가를 참 싫어한다.

임금이 낮아 미래가 불안하다면서, 자식에게도 이러한 생활을 물려주기 싫단다. 언어는 영어, 슬로바키아어, 불가리아어, 프랑스어, 독일어, 러시아어, 거기에 한국어까지 유창하다. 이들 언어로 업무가 가능하다.

지금은 벨기에로 취직되어 주말부부를 하고 있고, 자리가 잡히는 대로 벨기에에 정착할 예정인지라 작별이 멀지 않은 상황이다.

이래저래 이곳에서도 많은 외국인과 관계를 맺고 살아가고 있지만, 나 역시 그들의 측면에서 보면 외국인이다. 그들이 나를 어떻게 평가하고 있을지 모르겠지만, 난 그냥 그들과의 관계가 행복하고 좋다.

월급 받기

가끔 한국에서 메일로 문의를 받는 경우가 있다.

이번에 취직이 되어서 슬로바키아로 가게 되었는데, 월급을 유로화(Euro, 1유로에 약 1400~1500원 정도)로 받는 게 좋을지 원화로 받는 게 좋을지에 대해 질문받는다.

몇 년 후에 한국으로 돌아갈 사람이라면 원화 비중을 크게 하는 게 좋고, 나처럼 장기적으로 동유럽에 거주할 계획이 있다면, 유로화 기준을 높게 하는 게 좋겠다.

하지만 회사 차원에서는 될 수 있으면 유럽에서 지급하는 급여를 최소화시키는 것이 일반적이다.

한국보다 이곳 동유럽이 직원의 소득세, 사회보장세가 높기 때문이다. 이곳에서의 한국인 급여는 대부분 netto(세후급여)로 계약하기 때문에 급여에 대한 세금 부분은 모두 회사가 내므로 가급적 이곳에서의 급여 수준을 낮추고 있다.

하지만 장기적으로 동유럽에 거주할 생각이라면, 회사 측과 잘 협의해서 유로화 급여를 높이는 게 개인에게는 유리하다. 주택매입 시 모기지론, 실업수당 신청 등등 월급 통장에 찍히는 금액으로 신용과 실업 수당이 결정되기 때문이다.

영주권 소지자부터 실업수당을 받을 수 있으니, 전략적으로 이용해보는 것도 생각해 봄 직하다.

유흥 문화와 카지노

이 동네의 한국회사들은 주로 생산, 물류를 주된 비즈니스로 해서 해마다 2~3천 명 이상의 한국 출장자들이 입출국을 반복한다.

당연히 유흥 문화에 한 번쯤은 젖어보고 싶은 유혹에서 벗어날 수 없다.

이곳도 물론 클럽이 있다. Club이라고 쓰여 있기도 하고, Disco라고 쓰여 있기도 한다. 문 앞에 덩치 좋은 문지기(?)들이 서 있지만, 가볍게 눈인사를 하고 입장하면 된다.

한국과는 전혀 비교가 안 될 정도로 규모가 작다. 어떤 곳은 50평도 채 안 돼 보이는 곳도 있다.

술은 원하는 만큼 사다 테이블에 앉아 마시면 된다. 의무적으로 시켜야 하는 기본 술과 안주는 이런 건 없으니, 돈은 없고 춤만 추고 싶다면 와서 몇천 원의 입장료만 내고 춤만 추다 가면 된다.

수도는 역시 외국인이 많다. 그만큼 즉석만남에 대해서는 무척 관대한 편이다. 물론 외모와 언어가 어느 정도 받쳐준다는 전제조건에서….

작은 도시로 가면 동네 젊은이들이 주를 이룬다. 이때, 너무 티 나게 동네 처녀에게 접근하면 질 안 좋은 동네 형들에게 해코지를 당할 수 있다.

몇 년 전 갈란타(Galanta, 삼성전자와 협력사가 위치해 있는 곳) 거주 시절,

지역의 종합병원에서 전화가 왔다.

한국인 한 명이 누군가에게 심하게 맞아 병원에 실려 왔는데, 슬로바키아 말도 못하고 영어도 못하니, 보호자 좀 찾아달라고…….

사연인 즉, 며칠 전 협력업체 한국 본사에서 출장 온 사람인데, 2차로 동네 클럽에 갔고, 술에 취해 동네 처녀에게 부비부비를 하는 등 추태를 부렸고, 결국엔 귀갓길에 동네 청년들에게 한대 얻어맞고 지갑도 빼앗겼다는 것이다.

아무튼 한국도 그렇지만, 작은 동네일수록 텃세가 있으니 조심하고 즉석 만남을 원할 경우엔 무조건 큰 동네로 가서 노는 게 좋다.

이곳에서의 카지노는 내국인 외국인 상관없이 입장 가능하다.
역시 한국에서 출장자들이 오면 데려가 달라는 곳에 카지노도 포함된다.

복장은 전혀 상관없다. 노숙자 행색만 아니면 운동화에 티셔츠를 입고도 입장이 가능하다. 입장 시에는 신분증이 필요하며, 돈 잃었다고 성질 부리거나, 개평(?) 달라고 조르는 일이 없도록 한다.

딜러들과 가볍게 농담을 주고받을 수도 있고, 무료로 음료와 가벼운 식사도 할 수 있다. 카지노는 항상 주의해야 한다. 시계가 없고 창문이 없다. 신선놀음에 도낏자루 썩는 줄 모르는 곳이다.

공금유용, 무단결근, 뇌물 등등의 말하기 부끄러운 역사도 있으니 항상 조심하자.

담배 연기 자욱한 호텔 카지노. 오늘은 한 명의 한국사람도 보이질 않는다.
와인 사업을 하는 슬로바키아 친구와 간단히 저녁과 한잔하고 난 후, 카지노에 들렀다. 시간을 보니 밤 11시.

세 개의 룰렛 테이블에서는 연신 스핀볼이 돌아가고 있고, 포커 테이블과 블랙잭 테이블에서는 딜러와 플레이어들의 조용한 혈투가 벌어지고 있다.

수십 대의 기계음과 더불어 한쪽 구석에서는 10여 명의 젊은 여행객들의 웃음소리가 끊이질 않는다. 딜러와 게임을 하는 것이 아닌, 테이블 사용료만 내고 자기들끼리 포커를 즐기는 테이블이다.

1유로짜리 룰렛 테이블에 앉으니, 음료수 한 잔을 갖다 준다. 딜러는 역시 깊이 파인 원피스와 간단한 농담으로 환영한다. 몇 개의 칩을 거니 금세 원금의 두 배가 되었다. 본전은 주머니에 넣고, 나머지 칩으로 30분만 즐기다 갈 것이다.

옆자리의 젠틀한 신사는 돈을 잃고 있는데도 여유롭게 얇은 보헴시가를 태우고 있다.

"하이, 좀 땄어?"
"아니, 별로. 쉽지 않네…. 넌 어느 나라 사람이니?"
"응 코리아. 넌?"
"난 이스라엘에서 왔어. 예루살렘에서 출장 왔는데, 내일이면 다시 돌아가. 너도 출장 왔니?"
"아니, 난 여기서 살아. 브라티슬라바에서."
"정말? 여기서 산다고…? 여기서 무슨 일을 해?"
"응. 난 공장자동화 설비를 파는 일을 해. 여기 한국 공장들이 많거든…."

게임을 즐기면서 간간이 옆 사람들과 대화를 하다 보면, 어느새 가지고 있던 칩이 바닥이 난다. 더 해봐야 잃을 것이 뻔하기에 처음 본전을 다시 현금으로 바꿔 밖으로 나와야 한다.

그게 현명한 카지노 즐기는 법이다.

세금 이야기

직업적으로 회사에서 회계를 담당하는 사람 빼고는 이곳의 세금에 대해 잘 아는 사람은 없다. 그래도, 앞으로 개인사업을 하거나 하다못해 구멍가게 하나를 하더라도 이곳 세법을 알지 못하면 제대로 일을 진행할 수 없을 것이다.

그래서 회계사, 세무사라는 전문인을 통해서 코디네이션을 받거나, 아니면 스스로 열심히 공부를 하면서 헤쳐나가고 있는 상황이다.

간단하게 슬로바키아를 기준으로 상식적인 세율을 알아보자.

기본 부가세는 20%이지만, 생필품은 10%이다. 한국도 품목에 따라 다르듯이 이곳도 그렇다. 집을 매매할 때도 부가세가 있다. 1십만 유로짜리 집을 사고 팔 때는 1십2만 유로로 매매가 된다.

개인소득세는 소득에 따라 19%에서 25%를 적용한다.

연봉 34,402유로로써 월급 여가 2,867유로 이상일 경우 25%를 적용한다.

사회보장세 역시 월 급여 수준에 따라 회사 부담금, 개인 부담금이 차등적용된다.

보통 이곳의 한국회사에서 일할 경우에는 Netto(세후) 급여로 계약하는데, 가령 월급이 100만 원이면 회사에서는 180만 원 정도를 지급하는 셈이 다.

법인세는 23%인데, 19%에서 2013년부터 상향 조정되었다.

이밖에 원천징수세로써는 로열티(19%), 이자수익(19%), 용역수수료(19%)이나, 한국과는 이중과세 방지조약이 있어 이자, 로열티는 10%를 적용한다.

재산세는 땅(0.25%), 빌딩(0.033%), 아파트(0.033%) 수준이며, 차량세는 차량 등록 지역과 배기량에 따라 약간씩 다르다.

재취업 혹은 직책 업그레이드의 한 예

5년 넘게 다니는 회사, 똑같은 일이 너무 지겹다.

이제 다른 일을 하고 싶다. 이직도 하고 싶고 작은 회사라도 좋으니 직책이 올라갔으면 좋겠다.

이곳에 있는 한국호텔·민박집에는 항상 한국에서 온 출장자들이 많다. 그

중에는 한 달에 한 번 정도 꼬박꼬박 출장을 오는 사람들도 있는데, 그 이유는 다음과 같다.

한국에서 TV 혹은 자동차 관련 자재를 납품하고 있는 회사인데, 물건을 받은 고객사(슬로바키아에 위치함)로부터 클레임을 받는다.

예를 들어 A라는 자재를 2월에 100,000개를 한국에서 슬로바키아로 납품 했는데, 고객사로 부터 연락을 받는다.

"자재 100,000개 중 10,000개가 불량이니 10,000개 자재금액 만큼의 Credit note를 발행하시오!"

이 경우, 정말로 10,000개에 대해 불량인지 확인차 출장을 온다. 직접 와서 보니 그중 절반은 검사오류이고, 그나마도 카운트를 잘못해 실제로는 2,000개만 불량이다.

혹은, '자재 납품 관련 미팅이 필요하니 미팅에 참석하라'는 연락을 받는다. 이 경우도 출장을 와야 한다.

보통 출장기간은 최소 1, 2주일이니 항공료 200만 원, 숙박비 150만 원, 렌터카 100만 원, 출장수당 100만 원, 식대, 잡비 등등 1회 출장시 드는 돈이 장난이 아니다.

이런 상황이 반복되면, 아예 이곳에 전담인력을 상주시키는 것을 심각하게 고려해 볼 수 있다. 이러한 고민은 출장자가 주로 한국호텔·민박 사장과 소주 한 잔 하면서 털어놓기 마련이다.

평소 호텔·민박집 사장들과 친분을 잘 유지해 놓으면 이럴때 추천을 받을 수 있다.

다시 돌아오고 싶은 사람들…

회사에서 불러서, 부모님이 그만 돌아오라고 해서, 혹은 건강상의 이유 등으로 한국으로 돌아가는 사람들이 있다.

그러나 돌아가기 싫은데, 계속 이곳에서 살고 싶은데 어쩔 수 없이 돌아가는 사람들도 꽤 있다. 다니던 회사가 문을 닫거나, 경영상황이 좋지 않아 인원감축을 하는 등의 이유인데, 이럴 경우 영주권이 있다면 당분간 이곳에 남아서 다른 일을 찾아볼 수 있다.

하지만, 보통 회사를 떠나기 1, 2개월 전에 주변사람에게 인사하고, 퇴직 사실을 알린다면 열에 아홉은 새로운 일자리를 찾을 수 있는 상황이다.
그럼에도 불구하고, 아무도 나를 찾지 않는다면 이미지관리를 잘못했거나, 타이밍이 맞지 않아 구인회사가 없거나…. 둘 중에 하나다.

한국으로 출장이나 휴가를 가게 되면 의례히 블로그나, SNS를 통해 나의 한국방문 사실을 알린다. 그러면 그 중에 시간이 되고 나를 필요로 하는 사람들에게서 연락이 오기 마련인데, 위에 말한 본인의 의사와 상관없이 최근에 한국으로 돌아간 친구에게서도 연락이 온다.

"거기 좀 어때? 여긴 힘들다…. 거기 일자리 좀 없냐?"
이런 말을 들으면 항상 하는 말이 있다.
"슬로바키아나, 체코나 폴란드에 일자리가 있다 한들, 넌 한국에 있는데 어쩌라고? 다시 유럽에서 일을 하고 싶으면, 비행기타고 다시 들어와서 3개월만 버텨봐. 슬로바키아에서 경력이 몇 년인데, 너 필요한 곳 하나 없겠니? 일단 들어와서 조그만 방하나 얻어서 3개월만 지내봐. 그래도 안 된다면, 그때 여기는 깨끗이 미련을 버려…."
이렇게 모질게라도 이야기하지 않으면, 도대체가 움직이려고 하지 않는다.

이곳을 떠나 한국으로 돌아간 사람중에 다시 이곳으로 돌아오려는 사람들로부터 많은 연락을 받는다. 그래 봐야 일자리 있냐는 질문에, 할만한 사업이 있나는 질문을 하면서 이력서를 던져 준다.
 그때마다 나는 하는 말이 있다. 위의 친구에게 처럼….
 "아무리 좋은 자리에 있어도, 그건 네게 아니다. 왜냐고? 넌 지금 여기 없잖아?"

다른 유럽의 유명한 곳과 달리 골목이 많고 사람이 없어 한적한 느낌도 난다 수녀원도 있고 테이블이 두어 개 있는 와인바도 있다 브라티슬라바의 다운타운은 혼자서 조용히 주변을 구경하며 걸어야 맛이 나는 곳이다

Centrum, Bratislava, Slovakia

Motovun, Croatia

chapter 5
영주권 시민권 이후의 인생 설계서

영주권·시민권 이후의 인생 설계서

유럽 경제가 안 좋다고 뉴스에서 많이 떠들어 댄다.

그런데 말이다. 정말 우습다. 언제 유럽경제, 한국 경제가 좋았던 적이 있는지 모르겠다.

유럽에 처음 관심을 가진 1990년도의 책을 봐도 유럽 경제는 불황이라고 했다. 그래도 다들 신축 아파트는 올라가고, 새로 나온 스마트폰 광고는 건물 벽을 도배한다. 여전히 신차 발표회는 매년 봄마다 열리고, 쇼핑몰에는 외식하는 사람들로 붐빈다.

이런 거 신경 쓰지 않고, 그저 조용히 하고 싶은 거 하면서 사는 게 정신 건강에 좋을 거 같다.

2010년. 드디어 영주권을 받았다. 앞으로 유럽에 살면서 비자 문제는 없다.

그맘때 즈음 회사 일로 혹은 개인적으로 알게 된 한국분들 중에 이곳을 별로 마음에 들어 하지 않는 분들은 이런 식으로 말한다.

"뭐, 이런 나라 오래있으면 뭐 하겠어요…. 내년쯤에 한국 들어가야죠…."

"야! 내가 여기서 썩고 있을 사람처럼 보이니? 빨리 여길 떠야지…."

그런데, 일 년 정도가 지나면서 다시 이야기를 하면,

"동섭씨, 전에 여기 영주권 받았다고 했지? 그거 어떻게 하면 받는 거야?"

"영주권 그거 있으면 여기서 사업이나 이직해도 비자 상관없는 건가요?"

살다 보니 적응되고, 적응되다 보니 감히 한국으로 돌아갈 엄두가 안 나기도 하거니와 이곳 생활이 하면 할수록 한국에 돌아가고 싶은 생각이 없어서일까?

대기업의 경우 정해진 연수가 지나면 복귀를 해야 하지만, 그 이외의 회사들은 굳이 강제성이 없다. 어떤 경우에는 부모, 형제들을 불러 함께 살기도 한다.
　찾아보면 먹고살 것이 있고, 다니던 회사가 문을 닫아도 다른 길을 찾아서라도 이 동네를 떠나지 않는다. 어찌 되었든 본인 의지로 이곳까지 와서 살게 되었다면, 분명히 살면서 또 다른 하고 싶은 일들이 계속 생기는 게 마련이다.
　어떻게 살더라도 스스로 영화 속 주인공이라고 해도 될 듯한 이곳 생활이다.

　보통 은퇴준비를 한다면 모두 "은퇴자금"이라는 것에만 초점을 맞춘다. 금액도 사람마다 너무 다르다. 1, 2억이라는 사람도 있고, 기본 10억이라는 사람도 있다. 같은 하늘 아래 살면서 너무 다른 세상을 사는 것 같다.
　그럼 바꾸어 말하면, 10억으로 뭘 할 거냐고 물어보면, '별 계획없어.'라는 말과 함께 중형차, 펜션, 해외여행 등등을 별것 아닌 듯이 이야기한다.
　사람마다 다르지만, 난 이런 노후 준비는 적성에 맞지 않다.
　휴가기간 중 한국에 다녀오면 나도 모르게 이것저것 사게 되고, 되돌아오는 비행기에 싣는 짐 무게는 항상 규정 초과를 하게 된다.
　남들 하는 것만큼 해야 한다는 본능, 남들 하는 거 안 하면 왠지 바보 같다는 경험들이 아우러져 돈을 쓰게 만드는 것이다.
　이곳 생활 중에 좋은 점 중 하나는 남과 비교되지 않는다는 것인데, 이상하게 한국만 가게 되면 나도 모르게 바뀌게 된다.
　어쨌건, 건강관리 잘하고, 욕심만 버리면 몇억은 절약할 수 있다. 거기에 외국인이라는, 특히 한국인이라는 강점으로 한국과는 다른 재미있는 인생을 즐길 수 있다는 것도 가능하다.

　위에 말했듯이 EU 회원국의 국민이면 EU 국가 내에서는 자유롭게 거주, 이전, 취업, 교육 등에 대한 권리를 가질 수 있다. 원하는 나라에 세금을 낸다면 복지혜택까지 누릴 수 있다. 동유럽에서 영주권, 시민권을 받아 유럽 내에서 원하는 나라로 마음껏 떠날 수 있으니, 아이 키워 놓은 후의 인생 설계서를 위해 미리미리 준비해 두는 것도 참고 바란다.

다시 대학으로

유럽의 대학은 당연히 학비가 있다.

외국인의 경우 100원이라고 한다면, 자국민은 10원, EU 국민은 20원 이하 정도의 학비를 낸다고 보면 된다. 거의 상징적인 수준이다.

또한, Non EU일 경우 입학 후 비자도 받아야 하고, 외국인으로서의 관리도 받아야 한다.

그에 비해, EU 국민일 경우에는 그럴 필요가 없다.

20대는 결혼을 위해 돈을 벌고, 30~40대는 자식교육을 위해 돈을 벌고, 50대는 본인 품위 유지를 위해 돈을 번다.

사람에 따라 다르겠지만, 30세에 결혼을 했다면, 50세가 되면 아이들이 대학에 들어갈 나이가 될 것이다. 그 후는 수십 년 열심히 달려온 자신의 인생에 대해 다시 한 번 터닝포인트를 주어도 괜찮을 듯 싶다.

다시 학생이 되는 것이다.

젊은 시절 문학가가 꿈이었던 사람도 있을 것이고, 서양미술에 관심이 많았던 사람도 있을 것이다. 유럽 언어에 매력을 느꼈을 수도 있고, 사진이나 연극에도 한때 푹 빠졌던 우리 이민자들도 있었을 것이다.

꼭, 문학이나 예술분야가 아니더라도, 구두제작, 치즈 제조, 골프장 설계, 하몽, 와인 등 한 번쯤 꿈꿔왔던 분야를 현실로 옮기는 것도 무척 설레는 일이다.

모두 EU 국민으로서, 학생 신분이 되는 것이다.

2~30살 나이 어린 친구들을 사귀면서 새로운 배움에 몰입하면서….

다시 학생이 되는 것이다.

여기서는 한국사람 나이는 보통 10~15살 정도 어리게 보니, 그리 걱정하지 않아도 된다. 그래도 작지만, 고정적인 수입이 필요하다면, 여러 방법을 고민해 보길 바란다.

유럽 언어를 이용한 고정 수입, 직장 경험 풍부한 한국남자로서의 고정 수입 등등으로 본인의 포트폴리오를 준비하면 된다.

구체적으로 뭘 어떻게 해야 하느냐고 알려달라면, 나도 할 말이 없다. 대신, 나의 경우를 예로 들면 슬로바키아어, 영어를 더욱 신경 써서 통번역 일을 할 수 있는 수준으로 준비할 것이고, 나 없이도 굴러갈 수 있는 작은 회사를 준비할 것이다.

(무역, 교민 대상 장사, 공장설비 에이전트 등등)

부부가 함께 학생이 되어도 좋고, 배우자의 동의로 원하는 나라에서 다시 학생이 되는 것도 정말 기대되는 미래가 아닐 수 없다.

혹시 아는가? 다시 교육을 받고 남은 인생을 원하는 일과 함께 늙어갈 수 있을지도 모른다.

북유럽 연어 낚시와 스코틀랜드 골프

슬로바키아에 살고 있다 보니, 항상 바다에 대한 막연한 동경이 있다. 슬로바키아는 내륙국가이고, 오스트리아, 헝가리, 체코, 폴란드, 우크라이나와 국경을 맞대고 있다.

바다 음식은 귀하기 그지없어 냉동 아니면 말려서 밖에 먹을 수 없다. 가끔 북유럽산 훈제 연어를 먹으면서 직접 낚시를 해보고 싶다는 생각을 했고, 아들 녀석이 20세가 되면, 북유럽에서 연어 낚시로 1년을 보낼 계획을 짜고 있다.

잡은 연어를 업자들에게 납품하는 것도 가능하다.

골프를 치는 사람이라면 한 번쯤은 골프의 성지인 스코틀랜드의 세인트 엔드류 Old course에서 플레이하고 싶다는 생각을 했을 것이다.

거기서 한발 더 나아가, 아예 그 골프장에서 일할 수 있다면…?

청소 아르바이트라도 좋고, 매점에서 허드렛일을 해도 부담이 없는 성격의 사람이라면….

또한 골프 스코어보다는 골프 코스 특유의 분위기와 골프 성지만의 특별한 무언가에 대해 의미를 부여하는 성격의 사람이라면….

매일 아침 홍차와 갓구운 빵으로 아침 식사를 한 후, 역사의 현장으로 출근한다.

이슬 맺힌 잔디와 새소리를 들으면서 일과를 시작하는 거다.

가끔은 유명인도 방문할 것이고, 정기적인 토너먼트도 개최될 것이다. 평생 있을 것이 아니므로 하루하루를 그저 여행이라고 생각하고 느끼면 될 것이다.

북유럽 연어 낚시와 스코틀랜드 골프는 하나의 상징적인 표현이다.

한국이라는 사회에서 가지기 쉽지 않은 무한한 상상력과 주변 환경을 이용하여 다양한 유럽생활을 즐길 수 있다는 점을 예로 든 것이다. 거기에 유럽인이 입장에서는 한국인이 되는 것이고, 한국인의 입장에서는 왠지 멋진 인생을 살고 있다는 동경 어린 시선을 느끼는 것도 재미있지 않을까.

이 밖에도 한국 회사가 아닌 유럽 회사의 노동자를 하는 것도 나름 한 방법이다.

우리 직장인들은 참으로 열심히 일한다. 가정보다는 회사가 우선이며, 회사에서는 가장이 회사 일에 집중할 수 있도록 와이프와 아이에게도 많은 관심을 기울인다.

적어도 이곳 동유럽 한국 회사에서는 그렇다.

한국 회사 주재원인 30대 이과장은 항상 이런 식으로 내게 말을 하곤 한다.

"난요, 월급을 이 나라 사람처럼 한 달에 100만 원도 안 받아도 좋으니까, 퇴근 시간 되면 딱 손 놓고 집에 갔으면 좋겠어요."

그 심정 이해한다.

한국회사에서 일하는 한국인이라는 이유 하나로 모든 책임과 의무를 자연스레 느끼기에 덜 받더라도 업무 스트레스를 덜 받고 싶은 심정을….

약간의 월급 욕심을 포기하는 대신, 유럽 노동자로서 휴가, 출퇴근, 복지, 업무 강도 등에서 더 많은 혜택을 누리는 것도 하나의 선택일 듯싶다.

새로운 국가에 새로운 도전을
(크로아티아, 불가리아, 보스니아, 세르비아 등)

처음 슬로바키아에 왔을 당시 2004년 기준으로 한국 민박집 1일 숙박비가 100~150유로였다. 그것도 방이 5~7개 있는 일반 가정집을 빌려서 운영하는 사람도 있었고, 동네 허름한 러브 호텔을 임대해서 운영하는 사람도 있었다.

피크시즌에는 한방에 두 명씩 생활했지만, 가격은 모두 일인당씩 받았다. 그나마도 묵을 방이 없었으니 아쉬운 쪽은 출장자인지라 불평불만은 엄두도 못냈다.

10년이 지난 지금, 4성급 수준의 호텔에 각종 부가서비스를 제공하는 제대로 된 호텔로 진화하였지만, 가격은 오히려 내려갔다. 1박에 50~80유로 수준으로 떨어졌다.

품질과 서비스는 훨씬 더 좋아졌지만, 가격은 절반 가까이 떨어진 것이다.

한국기업들은 안정화가 되어 예전처럼 많은 출장자가 필요 없게 되었고, 거기에 돈 좀 된다 싶으니 경쟁업체도 생겼다.

사업적인 욕심이 있다면, 한국기업들 동향을 잘 살피면서, 구 유고연방 국가에 관심을 가지는 것도 좋을 것이다. 크로아티아, 슬로베니아, 보스니아, 알바니아 등의 한국인이 없는 곳이 오히려 더 큰 기회일 수가 있다.

내가 슬로바키아로 처음 가기로 했을 때 사람들이 이해를 못 했다. 왜 그런 한국사람도 없고, 제대로 인프라가 갖춰지지 않은 후진국에 가느냐 했다.

심지어 당시는 한국대사관도 없었다.

그런 나라일수록 관심을 가지는 것도 좋다. 나이가 상대적으로 젊고, 큰 자본 없이 사업적인 욕심이 있다면 말이다.

사회가 안정되고, 한국사람이 많이 있다면 웬만한 자본으로는 어림도 없다. 돈 될만한 것들은 모두 하나씩 차지하고 있을 것이다.

이때 중요한 것은 현지 언어와 믿을만한 현지친구다.

무조건 처음 몇 개월은 현지 언어에 올인 하면서 사업 마인드가 있는 현지인 친구를 사귀는 데 모든 것을 투자하는 것이 좋다고 본다. 그러면서 스스로 현지 언어를 사용하면서, 세무, 법률적인 문제까지 해결할 수 있는 실력을 갖추어 놓아야 한다.

그렇지 않으면 결국엔 모든 일을 영어를 하는 현지인의 도움을 받아야 하는데, 정말 위험부담이 크다.

그리고 아이템이 정해지면 바로 시작해야 한다. 너무 심사숙고하면 시기를 놓쳐버리거나, 다른 누군가에 의해 진행될 수도 있기 때문이다.

결국에는 한가지 이야기다.

동유럽에 사는 한국인이기 때문에, 어떠한 일을 하더라도 항상 최초가 될 수 있으니, 성공 가능성이 많다는 말이다. 가진 것이 없으니 잃을 것도 없고, 실패하더라도 무언가 해보았다는 자체만으로도 충분히 본전을 뽑고 남으리라는 것은 당연하다.

TV에 나오는 글로벌 한국인이니, 자랑스러운 우리 동포라느니, 그런 고리타분한 거 이야기하는 게 아니다.

조금만 생각을 바꾸고 넓게 가진다면 죽는 그 날까지 재미있고, 즐겁게 살 수 있을 것이다.

꼭 여기 동유럽이 아니라도 말이다.

Stare Mesto, Bratislava, Slovakia

유럽의 한국인 이민자들

어찌 되었든 유럽에는 한국인 이민자들이 살고 있다. 직장인도 있고, 큰 사업을 하는 사람도 있고, 작은 가게를 운영하는 사람도 있다.

처음 유럽배낭여행을 했었던 스물다섯살 시절.
파리에서, 런던에서, 바르샤바에서, 부다페스트에서 한국인 이민자들을 만나게 되면, 참으로 궁금했다. 도대체 어떻게 유럽에서 살수 있게 되었을까?
비자는 어떻게 받았으며, 어떻게 해서 취직을 했는지? 혹은 어떻게 장사를 할 수 있는지? 궁금한 것 투성이어서 당사자에게 직접 물어 보기도 했다.
하지만, 그 누구도 내가 이해 할 수 있게 명확하게 대답을 해주었던 사람은 없었다. 어떤경우는 불안한 눈동자와 의심에 찬 목소리로 '그런건 왜 물어보느냐?' 고 되받아 치기도 했다.
지금와서 생각해보면, 당시의 나는 그들의 말을 이해할 만한 수준이 안되었던 것이고, 그러한 질문자체를 했다는 것은 그들의 그간의 수많은 노고와 어려움에 대해 크나 큰 실례였다는 것을 이제서야 깨닫게 되었던 것이다.

이에, 이민자 네분의 수기를 간략하게 싣고자 한다.
나와 비슷하게 이민 초기의 어려움을 극복하고, 이제는 한숨돌린 상황인 분들인지라, 흔쾌히 원고를 작성해 주었다.
이분들의 모든 공통점은 단 하나이다.
바로, "행동으로 실천"을 했다는 점이다.

짧은 지면인지라, 장황한 이민수기가 아닌 전반적인 흐름과 이민자의 내면을 묘사하는 수기라는 점은 이해바란다. "유럽이민은 가능하다."라는 단순한 명제만 이해했다면 그것으로 충분하다.

유럽이민 정착기

권영관(폴란드)

데이비드 김(영국)

박정태(오스트리아)

서경하(아일랜드공화국)

Castle, Bojnice, Slovakia

 디즈니랜드에서 성 디자인을 할때 참고한 보이니체(Bojnice)성

권영관(폴란드 바르샤바 거주)

폴란드 한인회장

사업가(환경산업, 컨설팅 기타)

폴란드의 일간지에서는 "제2의 징기스칸의 유럽 침공" 기사가 대문짝만하게 났다. 대우 그룹의 김우중 회장이 동유럽 각 나라에 대규모 투자를 단행하고, 대우의 역할을 확대해 나가고 있을 때의 일이다.

그러나 나에겐 제1997년 12월은 사회생활의 방향을 바꿔나가는 큰 결정을 단행 해야만 했던 시기였다.

그 당시 나는 폴란드에 진출한 삼성전자 폴란드 법인의 직원으로 발령받아 5년 폴란드에 거주를 하고 있었다.

한국인으로 최초로 대학에서 폴란드어를 공부했던 전공자로 폴란드에서 그 전공을 살려 일하며, 살고 있는 것은 행운 일 수 도 있다. 그러나, 국내 최초로 폴란드어 전공자의 기대와 희망을 맘껏 발휘해보기엔 조직적인 회사의 굴레는 아무래도 많은 제약이 있었다..

"그래, 퇴사를 하고, 이곳에서 제2의 인생을 시작하자. 뭔가 신나는 일이 기다리고 있겠지."

하지만, 막상 퇴사를 하고 나면 뭔가 대단하고 드라마틱한 인생이 펼쳐질 것이란 나의 기대는 현실의 벽에 부딪치며 처음부터 삐걱거리고 있었다.

1997년 12월의 IMF는 장기간 꿈꾸웠던, 희망적인 장미빛의 미래가 한 순간 그 빛이 바래가고 있음을 느끼게 해주었다. 그러나 불안불안 하면서 시작한 아이템은 바로 대한항공 티켓 판매였다. 독일 지사에서 받아서 폴란드에서 직접 발행하여 발급해주는 발권 에이전트 역할 이였다.

그리고 또 한가지, 야심 차게 한국방송 비디오 테이프 대여점을 폴란드에 열면서 식품점을 동시에 하겠다는 발상을 하였다.

지금은 상상할 수 없지만, 당시의 해외교민들은 녹화된 비디오를 통해 한국드라마와 쇼 프로그램으로 고국의 향수를 달래곤 했었다. 식료품도 마찬가지였는데, 이 정도면 당시로서는 대박 아이템이었다.

하지만, 식료품과 비디오 대여점은 끝내 열지 못했다. 함께 하기로 약속했던 한 지인의 배신(?)으로 내가 1년전부터 준비했던 사업을 접는 순간 이였다. 그 이전 크라쿠프에서 한국식당을 최초로 열어보겠다고, 뛰어다닌 경험을 살려, 잘 해보겠다던 식료품 사업도 동시에 그 동력을 잃고 말았다.

그러나, 실망 할 때, 어려울 때가 바로 기회라고 했던가?

IMF 금융위기가 터졌고, 기업들은 저마다 사람을 줄이고, 직원급여도 줄이고, 투자도 줄이고, 심지어 직원식당 메뉴도 줄였다.

해외에 진출한 한국회사도 예외는 아니었다. 폴란드에서의 대우의 입지도 하루아침에 백척간두의 위기로 빠져 들었다.

당시 폴란드에는 그 유명했던 대우자동차의 바르샤바지역 생산공장이 있었는데, 규모가 규모인지라 상주하는 한국인 직원과 가족을 포함 약 600여명이 있었다.

당연히 회사에서는 주택비 지원을 해주고 있었는데, IMF가 터지자 모든 한국주재원 주택지원비를 50% 삭감시켰었다.

그런데, 이게 나에게는 천운이 될 줄이야.!

회사에서 지원이 줄어드니, 임차한 주택을 일시에 옮길 수 밖에 없는데, 현지 언어로 부동산을 소개할 수 인원이 없던 당시에는 나의 도움은 필수적 이였다.

1998년 2월 초, 처음에는 지인을 도와주기 위해서 배우게 된 부동산 임차 엄무가, 많은 지인들의 요청으로 사업으로 자리를 잡아갔었다.

　원래 외국인들은 현지어와 시세를 잘 모르니, 알게 모르게 조금씩 바가지를 쓰기 마련이였다. 이를 보완해주고, 우리의 정서에 맞는 집을 소개하는 일에 집중했었다. 그런 노력 끝에 모든 한국인들의 만족할 만한 정도의 집을 구해줄 수 있었고, 수수료로 주택당 1개월 분 임대비의 50% 수입도 생겼다.

　약 2년 반 동안 120여명의 한인들 주택을 소개시켜 주었으니, 결코 적은 수는 아니었다. 또한, 당시의 월세가 직급에 따라 보통 700불 ~2000불이었으니, 현지어를 잘 하는 셈치고는 그 이상의 대가를 받은 것 같았다.

　당시에 가장 기억 남는 일은, 새벽 3시까지 집주인과 한국 임차인 사이의 분쟁을 해결하고, 결국 양자가 합의한 계약서 작성을 완료했던 것인데, 일을 마치고 집으로 돌아오는 길에, 3월초의 서늘한 새벽녘 바람이 그렇게 시원하고 행복하게 느껴지기는 처음 같았다.

　그만큼 보람이 있었던 것이다.

　이 뿐 아니라, 당시 대우의 어느 임원은 "젊은 친구가 열심히 일하는 것 같아 보기 좋다" 면서, "이 것 한번 납품해 보지 않겠나?" 라는 제안을 했다. 그것은 전자제품을 구입하게 되면, 항상 설명이 첨부된 매뉴얼 책이었다.

　그날로, 그 이전부터 알고 있던 폴란드 지인을 통하여, 인쇄소를 수배하고, 견적을 뽑고, 납품일정을 잡고 했다.

　당시 대우전자는 폴란드 출판 인쇄소를 통해 해당 매뉴얼을 납품 받고 있었고, 나는 그 가격보다 훨씬 저렴한 가격에 납품을 했는데도, 가격, 납품시기, 품질을 정확하게 헤아리고 준비했던 전략 덕분에, 오랫동안 인쇄물 납품업체로 함께 일할 수 있었다.

　그래서 약 10여년 동안 대우전자가 철수하기까지 최후의 동업업체로 살아남을 수 있었는데, 당시의 정책은 서로 상생의 상호 보완적 이였기에 성공을 했다고 생각 한다.

폴란드는 유럽의 중심국가이며, 적지 않은 영토와 인구를 가진 정치, 경제의 잠재력이 큰 나라이다. 서구나라들에 비해 발전이 더딘 탓에 약 20여년동안 경제발전과 사업화에만 매달렸다. 그래서 이제는 당면 문제로 환경문제가 커져가고 있다.

나는 환경문제는 어느 나라든지 뜨거운 화두로 자리잡고 있다는 것을 잘 안다. 그래서 폴란드에서 당면적으로 문제가 되는 환경 개선 사업에 국내의 기술을 접목한 사업을 진행 하고 있다.

이 또한 윈 윈의 상생 사업이기 때문이다.

살아가면서 많은 문제와 부딪치지만, 나는 내가 폴란드에서 사는 것은 운명으로 알고 있다. 아무도 예견하지 않은 나라 폴란드에 관심을 가지고, 폴란드어를 배웠고, 이렇게 폴란드에서 인생의 황금기를 보내고 있기 때문이다.

사람도, 사업도 결국 신의라고 생각 한다. 그래야 잘 살고, 사업도 잘 이뤄질것이란 것은 철칙으로 생각 한다. 폴란드에 살면서 그런 철칙으로 서로가 상생하는 삶을 산다면, 폴란드의 정착과 값진 인생을 사는 두 가지를 동시에 이룰 수 있지 않을까? 나는 생각한다.

데이비드 김(영국 런던 거주)

건축 회사 운영 및 부동산 개발

한국에서의 삶을 통해 나와 가족은 미래를 바라볼 때 느끼는 미래의 불확실성과 불안, 나아가서는 더 넓은 세상에 대한 막연한 동경과 희망들.

이모든 것들이 30대초반 직장생활때부터 나의 깊숙한 곳에서 해외이민이라는 꿈으로 자라게 된다.

IMF로 인해 다니던 중견기업은 부도와 함께 사라져 버리고, 중소기업으로 전직하게 되었다. 그 이후, 개인사업으로 방향을 틀었으나, 이마저도 경험미숙으로 처절한 실패를 하게 되었다.

그 후 자연스레 따라오게 되는 경제적 위기와 막다른 골목.

더 이상 한국에서의 생활은 의미가 없어지고, 오직 내게 주어진 길은 한국을 떠나 영국에서의 정착에 모든 힘을 쏟아부었다.

그후로 부터 수많은 자료수집과 망설임으로 영국이민에 대해 결정을 못하고 있을때, 주변의 어렵고 희망이 없는 환경이 오히려 나에게 과감한 결정을 할 수 있도록 환경을 만들어 주었다.

초반에 고생을 하더라도 두아이의 교육을 위해 도전해 볼만했고, 그나마 위안이 되는 점은 영문과를 졸업한 우리부부의 심적인 안도감이었다.

영국으로의 이민을 아내와 함께 결정한 후, 고향의 부모님을 만나 이민계획을 말씀드렸다. 장남인 나와 맏며느리인 아내로써, 충분한 고민후에 말씀드리는 내용이었다.

예상대로 부모님의 반대는 완강하였다.

하필 왜 그 머나먼 나라로 가느냐며, 눈물로써 한국에 남기를 바라셨다. 남

동생과 누나들에게도 나의 솔직한 심정으로 양해를 구했다. 부모님의 봉양을 형제들에게 떠넘기는 것 같아 미안함, 고마움, 부끄러움의 여러감정이 교차했다.

외국에 살려면 제일먼저 비자문제가 우선적으로 해결되어야 한다. 영국의 지인을 통해 솔렙비자(한국에 본사를 둔 영국현지 연락사무소 비자)의 존재를 알게 되었다. 일반 워크퍼밋 보다 취득이 용이하며, 유지비용이 적게 들어가지만, 혜택은 동일 하다는 것을 알게 되었다.
2005년 영국변호사를 통해, 영국현지 연락사무소의 사업계획과 운영계획이 포함되어 있는 서류들을 한국에 있는 영국대사관에 제출하였고, 4주 후에 비자가 허가되었다는 소식을 듣게 되었다.

같은해 5월, 런던 히드로 공항을 통해, 영국에 입국하여 그렇게 바라던 영국땅에서 새삶을 시작하게 된다. 문제는 월셋집을 구하고, 이것저것 필요한 생활도구를 사고나면, 물가 비싼 영국에서 버틸수 있는 생활비는 한달 정도 밖에 되지 않았다. 지금 생각하면, 참으로 무모하고, 대책없이 저질렀던 행동들이라고 생각된다.
아이 둘과(작은아이는 10개월) 아내와 함께 무슨 일을 저질렀는지 모를 정도로 모든 것이 순식간에 진행되었던 것 같았다.
우선 비싼 집세를 해결하기 위해, 하우스쉐어를 하게 된다.
우리가 침실 2개 짜리 집을 빌린 후, 침실 2개를 모두 재임대를 주고, 우리가족은 거실에서 생활하는 것이다. 그러면, 어느 정도 집세는 해결 된다.
영국은 집세외에 주민세, 전기, 가스, 상수도세가 너무 비싸다. 런던에 거주하는 많은 사람들이 이러한 비싼 세금을 해결하기 위해 하우스쉐어를 하기도 한다.

다음은, 생활비를 벌기 위해 일자리를 찾아다니며서 수많은 회사에 이력서를 넣었다. 아내도 마찬가지로 일자리를 찾기위해 동분서주 하였다. 취업은 아내가 먼저 하게 되었는데, 일반회사의 리셉션 담당직원으로 일하게 되었다.

바로 뒤를 이어 나도 중고차로 미니캡을 시작하면서 아이들을 돌보기 시작했다. 미니캡은 주로 한국인들을 대상으로 공항픽업 택시서비스를 하는데, 시간이용도 자유롭고 수입도 괜찮았다. 이외에도 이삿짐인부와 편의점 계산원을 병해하면서, 힘겨운 영국생활에 적응해 나갔다.

하지만, 집 우편물의 대부분은 연체된 세금의 독촉장이었다. 어떤 날은 구청의 주민세를 납부하지 못하자, 직접 징수원이 찾아오기도 했었다.

영국에서는 주민세를 납부하지 않게되면, 일정기간후에 집안의 가재도구를 강제로 징수하기도 한다. 지금도 아내는 그때의 기억으로 인해 아침새벽의 문 두드리는 소리에 노이로제 증상을 보이기도 한다.

하루의 일과는 매우 단순하였다.

새벽녘의 편의점 일, 시도때도 없는 미니캡 공항픽업, 다시 이어지는 편의점 계산원….

끝이 보이지 않는 경제적 악순환의 고리속에 좌절하며 넘어지며 참으로 많은 눈물을 흘리곤 했었다. 나의 눈물에 아내의 눈물이 더해지고, 어린 두자녀와 한국의 가족들의 근심 걱정이 더해져며 나의 밑바닥 삶은 끝이 보이질 않았다.

이렇게 영국생활이 4년차에 접어들면서 생활의 전환점이 필요했다. 지금의 직업에서 벗어난 새로운 건축분야에 대한 모색이었다.

영국의 건축시장과 개별주택의 특성상 건축관련일은 생각이상으로 잠재성이 크다고 판단하였다. 영국주택은 한국과 달리 아파트보다는 단독주택이 주를 이루고 있고, 재료들은 목재와 유지보수가 필요한 자재들이 주로 사용되기에 시장은 무궁무진 하다고 생각했다.

하지만 나는 건축에 대해 문외한이라는 치명적인 약점이 있었다. 한국에서도 벽에 못하나 박지 못했던 나였기에 내가 과연 이일을 할 수 있을까하는 두려움이 컸었다.

　용기를 내서 목수 및 플러밍 학원에 등록하여, 건축기본 자재와 도구, 솔루션을 공부하면서 체계적으로 일을 배우기 시작했고, 현장의 일을 통해 실무경험을 쌓기 시작했다. 또한 일반건축과 설비건축(가스, 전기, 플러밍)을 접목하기 위해 따로 시험준비를 하였고, 작년초 드디어 영국 라이선스를 취득하였다.

　영국의 건축시장은 빌더, 가스, 전기, 플러밍 등으로 전문화 되어있고, 소비자는 집 수리시, 따로 각 항목별로 전문가에게 의뢰하는 시스템인지라 많은 비용과 시간적 소모가 보통이다.
　이를 통합적으로 관리하며, 고객의 수고와 비용을 절감하는 방향으로 마케팅을 진행중이며, 주택의 익스텐션, 수리, 신축 등의 사업을 진행중이다. 여기에 추가적으로 향후 2년내에는 현재의 기술을 토대로 부동산 개발업자의 꿈을 키워나가는 준비를 하고 있다.

　뒤돌아 보면 10년전의 막연한 꿈을 이루기 위해 영국땅에 왔고, 엄청난 시행착오 끝에 지금의 내가 존재하기까지 가족의 눈물과 희생이 있었다고 생각한다.
　내가 생각하는 성공은 속도나 결과물이 아닌 방향성이라고 생각한다. 영국이민으로 방향키를 돌렸던 결단, 그리고 영국에서 건축일을 하기로 했던 결단과 실천. 이 두가지가 내인생에서 잊지 못할 중요한 순간들이었다.

　사전준비가 철저하지 않아 그 과정이 더디고 고통스러웠지만, 이제는 가고자 하는 방향도 정해졌으니, 묵묵히 걸어가기만 하면 될 것이다.
　나 혼자가 아닌 우리가족과 함께….

박정태(오스트리아 비엔나 거주)

비엔나 소재 Logistics 회사 근무

우연찮게 지인의 일을 돕기 위해 유럽땅을 밟은지 어언 10년이 되었다.

비엔나에서 레스토랑과 식품 및 일반공산품 유통업을 하는 지인은, 부다페스트 인근 야스펜자루에 삼성헝가리 2공장이 건설되기 시작하자 식품 및 공산품 납품을 위해 부다페스트의 페스트지역 청과물시장 인근에 사무실 겸 창고를 얻고 삼성헝가리 공장에 납품을 모색하고 있었다.

그 당시만해도 부다페스트에는 한국식품점이 없었고 한국식당도 2곳에 불과했다.

처음에는 단순하게 주문 받은 물품을 비엔나에서 헝가리 삼성공장과 인근지역으로 배달하는 수준이었으나 제대로 된 창고 겸 사무실을 얻고 나자 기존 배달 방식을 벗어나 상품을 제안하고 납품하는 벤더(주거래 공급처)로 자리잡게 되었다.

나는 주로 부다페스트에 거주하며 오더를 수주하고 새로운 납품처를 개발하는 영업을 했는데, 바쁜 시기에는 한 달에 무려 23번이나 부다페스트와 비엔나를 오가기도 하였다.

(당시만해도 양국 국경통과 시 매번 출입국도장을 받아야 했기에 나중에 그 횟수를 세어보고는 웃었던 기억이 난다)

사실 그 당시 나는 비엔나에 거주하는 한국아가씨와 교제중인지라 무리를 해서라도 비엔나에 가는 업무를 일부러 만들어내고는 했었다.

그렇게 1년 정도 지나자 본사 격인 비엔나회사는 잡화식품유통 중심에서 육가공유통쪽으로 서서히 무게중심을 옮겨가기 시작했고 결국에는 부다페스트를 포함한 모든 사업체를 정리하고 비엔나에서 북쪽으로 70km정도 떨어진 체코 국경인근에 위치한 한국, 일본, 러시아 등의 수출인증을 갖추고 있는 육가공공장(Slaughterhouse)을 경매를 통해 인수하게 되었다.

지인은 강력한 추진력과 극히 한국적인 영업마인드를 가진 사장으로, 독일 리니커사의 도축기계류를 한국으로 수출하면서 다져둔 오스트리아 육가공공장 인맥을 십분 활용하여 한국바이어들이 원하는 등급의 원료육과 기타 부위들을 기적적인 가격으로 구매하고는 했다. 물론 그 배경에는 공장의 도축라인을 자진해서 stop시키고 99% 한국과 일본 수출에만 전념하므로서 주변 동종공장들에게 우리는 경쟁자가 아닌 구매자라는 인식을 지속적이고 확실하게 부각시키는 노력이 있었다.

공장이 점차 set-up 되어가고 독일어 능력이 전무한 나는 회사에 그리 필요한 존재가 아니었다. 공장의 생산능력을 훌쩍 넘어서는(주로 삼겹살부위) 주문이 계속되고 있는지라, 사실 한국 Market 영업은 필요 없는 시절이었다.

과감하게 회사를 떠난 나는 당시 여자친구와 함께(우린 1년 후 결혼했다) 비엔나 1구에 건강식품(인삼제품 위주)매장을 열기로 결정하고 한국으로 돌아가 6개월의 준비 후 다시 비엔나로 돌아왔다.

인삼은 유럽에서 의약품원료로 지정되어있기에 일반 슈퍼 유통은 거의 불가능했다. 약국, 건강식품전문점 등에서만 판매가 가능하고 제품은 반드시 오스트리아 식약청 등록도 해야 하는 등 그다지 녹록하지 않았다.

때마침, 그 동안 일을 도와주던 오스트리아 현지인이 사업에 동참하기로 하고, 지분을 50:50으로 배분하고, 회사경영자로 그를 앉히자 그의 화려한 인맥(그는 유태인이다)으로 한국 인삼제품 계약사의 제품 전 품목을 순식간에 오스트리아 식약청에 등록할 수 있었다.

1구 시내에 28(m2)짜리 매장을 열고, 추가로 외곽에 조그만 창고를 얻은 후, 인터넷 홈페이지도 개설했다. 처음에는 비엔나 23개구 전체를 돌며 각각의 BIO

샵과 APOTHEKE(약국)등을 방문하여 제품을 선전하였으며, MESSE에도 참가하여 한국 인삼제품의 우수성을 홍보하고 바이어 발굴에 매진하였다.

그러나 노력에 비해 성과는 전무하다 싶을 정도였다.

그러던 어느날 홍보차들른 약국의 약사분이 일전에 MESSE에 참가했을때 제품을 본적이 있다며 아는 체하면서 당신의 약국에 건강관련 제품들을 공급하는 도매업체를 소개시켜주었다.

비엔나에서 100킬로정도 떨어진 아담한 마을에 위치한 그 업체를 방문한 당일, 그들은 자신들이 거래하는 136개 APOTHEKE와

40군데에 달하는 BIO샵에 넣을 샘플물량을 주문했다. 각 품목별로 약200개씩의 샘플물량 주문을 받은 나는 앞으로 늘어날 주문량을 생각하며 인삼왕의 단꿈에 젖어들었다.

그러나 어쩌랴….

샘플물량 납품 후 한달 반 후에 접수된 2차 주문량은 정확하게 첫 주문량의 절반이었다. 다시 2달 후에 접수된 3차 주문량은 2차분의 60프로 정도 밖에 안되었다. 이렇게 8개월여가 흐르자 주문량은, 샘플물량보다 심하게 줄었으나, 어찌되었든 고정되었다.

비엔나 UN센터 내에 위치한 면세점에도 납품을 할 수 있게 되어서 회사가 적자는 면할 수 있게 되었지만 여전히 동업자와 우리가 가져가는 급여는, 급여라고 하기에도 뭐할 정도로 빈한했다.

폴란드, 독일, 프랑스 등지에 판매를 위해 여기저기 찾아 다녔지만 불법 유통되는 중국산 저가 인삼제품류와 독일에서 재배되는 인삼으로 만든 제품들에 밀려서 매출에는 변화가 없었다.

매장에 하루종일 앉아 있으면서 인터넷을 통해 사업아이템 찾기에 몰두하던

나는 독일에서 로션류를 생산하는 업체로부터 독점판매권을 얻는데 성공했다. 한국 시장진입 후 18개월 동안 소기의 판매량을 달성 해야한다,는 독소조항이 붙기는 했으나 부여된 독점판매권으로 한국유통 진행업체를 쉽사리 찾을 수 있었다.

한국 식약청에 제품등록을 위해 독일본사로부터 사전보다 두꺼운 부피의 A4분량의 분석자료 등을 제공받고 한국 파트너와 함께 제품등록 에이전트를 쓰지 않고 직접 식약청 등록을 마쳤다. 한국 파트너 측의 내부문제로 흐지부지 18개월이 흘러가고 쉽게 얻은 독점

판매권인지라 세계는 넓고 업체는 많다는 안일한 생각에 빠진 나는 독일본사와 사이가 멀어지게 되고 급기야 작은 거짓말들이 연쇄작용을 일으켜 연락두절사태가 되었는데도 수습할 생각을 하지 않았다.

몇 년이 흐르고 내가 얼마나 소중한 인연과 가치를 소멸시키는 행위를 했는가를 뒤늦게 깨닫고서 통렬하게 한탄했다. 이 각성은 그 후 나의 유럽생활 원칙들의 밑거름이 되었다.

건강식품매장을 운영한지 3년이 되어도 성장기미는 보이지 않고 인삼제품에 대한 미래도 불투명했다. 그 동안 지인들의 소개로 유럽 내 박람회방문대행, 구매대행, 전문의약품(항암제) 한국수출 등 암중모색의 시간들을 보냈으나 모두 이렇다 할 성과를 내지 못했다.

3년 만에 건강식품매장을 접고 다시 육가공회사로 재입사했다. 재입사라고는 하지만 떠나있는 동안에도 회사손님들이나 출장자들 응대는 거의 참석했으니 낯선 기분은 없었고 생산관리, 수출업무 등 특별히 바뀐 업무도 없었다. 다만 구제역 여파로 시장 자체가 혼돈 속에 있는지라 매출과는 별도로 회사의 이익구조가 악화되어 있었다.

그 동안 딸아이도 태어나고 아내도 비엔나의 한국기업에 취직하면서 생활이

안정되자 '언제 가는 꼭 한국으로 돌아 가야겠다' 라고 생각했던 나의 심경에 변화가 생겼다. 또 아내와 띠동갑인 처제의 김나지움 시절을 옆에서 지켜보면서 (현재 비엔나대학 약대 재학) 오스트리아의 교육에 대한 신뢰를 갖게 되니, 당시 Kindergarten에 막 다니기 시작한 딸아이에게 당연히 오스트리아의 공교육을 받게 하고 싶었다.

우선 독일어 공부를 시작했다. 특별히 학원에 다닐 시간여유가 없는지라 제일 간단한 문법책을 한국에서 가져다가 틈틈이 익히고 오스트리아 티브이를 억지로 시청하려고 노력했다. 덕분에 시민권 신청 최저기준인 B1 테스트에 합격할 수 있었으나, 여전히 생존독일어 수준이다.

2년 전 다니던 육가공회사가 한국 수출물량이 줄어들고 유럽 내수시장을 주력으로 삼게 되자 다시 내 업무에 공백이 생기기 시작했다. 이직을 모색하던 중 수출업무를 진행하며 맺기 시작한 인연으로 한국계 물류회사에 입사하게 되었다.

현재 비엔나공항에 위치한 물류회사에 다니면서 Export를 주된 업무로 Import등도 담당하고 있다. 항상 다이나믹한 물류업계의 생리가 의외로 내게 잘 맞는다 것을 나 자신도 신기하게 느끼면서….

아내는 여전히 한국기업에서 일하고 딸아이는 예비학교를 다닌다. 내년에는 진짜 학부형이 된다. 언젠가는 한국으로 꼭 돌아가리라 생각하며 살던 시절이 그립기는 하지만 이제 아이의 성장을 지켜보며 오스트리아에서 살아 가야 한다고 스스로에게 다짐한다.

서경하 (아일랜드공화국 킬데어 카운티 거주)

영어교육전문 아카데미 EID 영업관리이사

Managing Director of Eduireland Educational Services (아일랜드 유학사업)

Korean teacher of International Baccalaureate Programme at St. Andrew's College

문학박사 (Ph.D.)

지금부터 14년전인 2000년.
당시의 우리의 한국생활은 무언가를 갈망하는 그 자체였다. 아니, 지금 와서 생각해 보니, 우리 세 식구에게는 새로운 도전이 기다리고 있었던 것 같은 운명이기도 했던 것 같다.

우리 세 식구는 대전에 살면서, 나는 대학에서 강의를 했고, 아내는 고등학생들을 가르치고 있었다. 그런데, 때마침 중학교에 진학한 아들은 시간이 지나면서 컴퓨터 게임에 더 빠져들더니, 이제는 장래 희망이 컴퓨터 게임머가 되는 것이라 한다.
뭐, 그게 꼭 나쁜 것만은 아니지만, 대전과학고, 대전외고의 전교 1,2등을 다투던 학생들 뿐 아니라 아주 뛰어난 아이들만 가르치던 아내는 이런 아들을 받아들일 수도 없었고 점점 갈등에 빠져들게 되었다. 기대에서 벗어나는 것처럼 보이는 아들을 인정할 수 없었다.
하루하루가 녹녹치 않은 집안 분위기 였었다.

당시의 나는, 대학 강의를 완전히 그만두고 새로운 인터넷 사업을 한다고 서울에 올라와 있었고 주말이 되어서야 대전 집으로 내려가곤 했다. 혹은, 주중에도 내려가는 경우가 있었는데 게임에 푹 빠진 아들녀석을 PC방에서 잡아내기 위함도 있을 정도로 녀석의 게임에 대한 집착이 심했다.

드디어 운명의 2000년 가을. 유난히 추웠던 가을로 기억한다.
오래 전부터 왕래를 했던 〈위기 관리가 미래의 부를 결정한다〉의 저자 김중구씨네 놀러 가게 되었다.
아마 양평에 시골집을 지었다고 해서 가본 것으로 기억한다. 우리 아들 보다 한 살이 위인 큰 아들을 아일랜드로 유학 보냈다는 이야기를 듣는 순간, 우리 아들을 위한 탈출구를 찾고 있던 우리 부부는 그 날로 아일랜드에 대해 알아보기 시작했다.

카톨릭 국가 아일랜드. 천주교 신자인 우리에게 단번에 다가온 아일랜드. 영국옆의 섬나라이며, 영어를 모국어로 쓰지만, 영국식 영어도 아니고, 미국식 영어도 아닌 아일리쉬 영어를 사용하는 나라.
유럽연합(EU) 회원국으로써, 자연경관이 아름다운 나라.
기네스와 영문소설의 거장 제임스 죠이스와 존 에프 케네디의 나라.
1인당 국민소득이 4만달러로, 우리보다 3~4배가 높은 나라.
우리와 비슷한 땅 면적에 인구는 고작 4백 만 명이 살지만, 미국본토의 아일리쉬는 3천 만 명이 된다는 사실과, 일본과 우리의 관계처럼, 영국과의 관계 또한 애증의 관계인 나라.
전혀 낯설던 아일랜드라는 나라가 어느새 친숙하게 다가왔다.
마치, 낯설던 새학년 옆짝궁이 일주일만 지나면 지극히 당연한 일상이 되어 버리는 것처럼….

그 다음부터 본격적인 인터넷 검색이 시작되었다.
우선, 정규유학 전단계로 단기 영어 연수 코스를 찾기로 했다. 영어연수 후 자연스레 정규중학교로 입학할 계획이다.

당시 인터넷은 전화모뎀으로 연결되어 있는 지라, 전화가 오면 바로 인터넷이 끊어지곤 했는데, 며칠을 검색 끝에 적절한 코스를 찾을 수 있었다.

인터넷 뿐 아니라, 우리가족이 다니던 성당 주보에도 같은 내용의 광고가 실렸었는데, 아일랜드 겨울 방학 연수 프로그램이었다. 성 콜롬반 외방 선교회 소속 아일랜드 브렌단 신부님이라는 분이 주관한다는 프로그램이었다. 당장 프로그램에 신청서를 냈다.

기숙사 학교였고, 어학연수가 끝나면 바로 아일랜드 중학교에 입학할 수 있는 과정이었다. 그런데 과연 비싼 기숙사 학교에 보낼 수 있을까 계산기를 두드려보았다.

한국에서 들어가는 사교육비 (영어/수학 과외, 음악레슨, 한자학원, 태권도 도장 등등)를 계산해보니 조금만 더 보태면 보낼 만 하다는 결론을 얻었다. 나중에 보니 철두철미한 조사와 계산은 아니었다. 아마 들뜬 마음이 냉철함의 자리를 밀어낸 것이리라.

3주 연수가 끝나고 아들을 아일랜드 수도 더블린의 한 중학교에 입학시키고 우리부부는 다시 한국으로 귀국을 했다.

그래도 돈은 벌어야 하기에….

주변에 아는 한국 사람도 없고 특별히 돌봐줄 사람이 없는 곳에 긴 기간 혼자서 생활해야 하는 아들걱정이 매일 엄습하곤 했다.

그런데, 결론은 엉뚱하게 나버렸다.

"그렇다면 우리가 아일랜드로 이주하면 되지 않을까"라는 생각이 들었다.

어짜피 길지 않은 인생. 큰 욕심 없이 인생 자체를 여행으로 생각하고 몇 년 아일랜드에 사는 것 자체를 두려워 하지 않았다.

아들이 6월초 여름 방학을 맞이하여 귀국하자 우리는 모든 것을 한 달 만에 정리하고 아일랜드로 떠나기로 결정했다. 이상한 것은 우리 스스로도 어떤 두려움이나 걱정 같은 것이 전혀 없었으며, 주위의 사람들도 이런 결정을 내린 것을 부러워했다(?).

아마 자신들이 하지 못한 것을 쉽게 결정하는 것을 부러워했으리라. 갑자기 이민을 떠나면서 가장 중요한 두 가지, 비자와 생계문제에 대해서는 거의 생각도 하지 않고 있었는데 말이다.

사람은 자기가 보고 싶은 것만 보이고, 느끼고 싶은 것만 느낀다고 하던데 정말 그랬다. 무조건 잘 될꺼라고 생각했고, 어려운 일을 절대로 생기지 않을 거라고 믿었다.

그런데, 한 달 만에 한국 생활을 정리하는 동안 재미있는 일들이 벌어졌다. 아들 친구, 친구의 친구, 그 친구의 친구들이 아일랜드에 많은 관심을 보였고, 그들의 부모를 만나 그 동안 조금 공부한 아일랜드에 대해 브리핑 해 주었더니 여름방학 영어 연수 및 조기유학에 대해 부탁하는 부모가 하나, 둘 생겨났다.

말이 부탁이지, 그것에 대한 대가를 지불하는 것이라, 졸지에 확실한 수입원이 생겨버린 것이다.

아일랜드에 도착해서, 집도 구하고, 중고차도 하나 구입하면서 운전면허증도 새롭게 발급받았다.

며칠 호텔생활을 하면서, 부동산, 중고차매매시장을 돌아다녔다. 영어를 잘하는 편이 아니었지만, 가족을 이끌고 온 가장인지라, 나도 모르게 초인적이 능력을 발휘했던 것 같다.

원래 비자가 있어야 한국운전면허증으로 아일리쉬 운전면허증을 발급받을 수 있지만, 어찌된 영문인지 자동차 등록증으로 운전면허를 발급받았다.

당시만 해도 외국인이 많지 않았던 시절이라, 딱히 마련된 규정도 없이 담당자 재량으로 처리했었던 것 같다.

우선적으로, 부탁 받은 학생들을 이곳 사립중학교에 입학을 시키니, 나도 모르게 아일랜드 최초의 한국인 유학사업을 시작한 셈이 되어버렸고, 13년이 지난 지금도 나의 주된 사업으로써 이어오고 있다.

순서가 거꾸로 되었지만 그 다음은 가장 중요한 비자(거주증)을 받아야 했다. 아일랜드에서 외국인이 노동허가를 받아 비자(거주증)을 받기가 그리 쉽지는 않다.

원칙적으로는 IT, 의료, 건설 분야의 회사가 정식직원으로 채용해야 비자를 받을 수 있다.

아무래도 얼떨결에 유학 사업을 시작했으니 우선은 이 분야를 알아봐야 하겠다는 생각이 들었다. 아들이 처음 아일랜드에 왔을 때 중학교 입학 전 영어연수를 받았는데, 그 프로그램을 운영했던 어학원 원장을 만났다. 한국을 비롯한 아시아 시장이 전망이 밝으니 나를 현지 사업 파트너로 생각하고 나를 정식으로 채용해줄 수 있겠냐고 물었다.

나에 대해 물어보더니 박사학위가 있으면 워킹 비자를 받을 수 있다고 했다. 여기서 한국에서 받은 박사학위가 필요하다니….

그래서 나는 정식으로 어학원의 관리·영업 이사가 되었으며, 정식으로 노동허가와 거주증을 발급받았다.

현재, 나의 외아들 성하는 더블린에서 어느덧 대학 졸업반이 되었고, 취업을 준비중에 있고, 우리부부도 어느덧 아일랜드 이민생활이 13년에 접어들었을 정도로 이 곳 생활이 익숙해졌다.

나의 유럽정착 과정을 다시 한 번 곱씹어 보면, 철저한 계획적이라기 보다는 우연과 약간의 운에 의한 결과물이었다. 하지만, 아들을 아일랜드로 보내기로 결정했다는 점, 그리고, 우리부부도 아예 아일랜드에 정착하기로 결정했다는 점은 누가 뭐래도 인생의 승부수를 던졌다고 말할 수 있다.

유럽이민을 정말로 희망한다면 무엇보다도 "실천"이 가장 중요하다고 생각한다. 만약 우리가 한국에서 실천 없이 고민만 계속 했었더라면, 지금의 나의 유럽이민 생활은 없었을 것이라 확신한다.

외국인, 그리고, 동양인으로써 이곳 아일랜드에서 살고 있지만, 생활에 그 어떤 불편함도 없다. 부자로 살고 있지 않지만, 마음 편히 이곳 생활을 즐기고 있다.

　　10년 넘게 많은 한국 학생들이 아일랜드를 거쳐갔다. 짧게는 방학 연수, 한 학기 및 일년 프로그램 그리고 이곳 고등학교를 졸업하고 아일랜드나 영국, 미국 및 한국 대학으로 진학한 많은 학생들을 가끔 떠올리게 된다.
　　많은 학생들이 페이스북 친구이기도 하고.
　　한 학교에 한, 두 명씩 밖에 한국 학생이 없어 때로는 외롭게 보일 때도 있지만, 학교 수준도 높고 다들 나름대로 열심히 공부해서 자기의 길을 개척해나가고 있는 것을 보면 뿌듯한 마음도 든다. 지금까지의 경험을 살려 더 좋은 프로그램을 만들어나가야 한다는 생각이 자주 든다. 이 친구들이 여러 분야에서 한국과 유럽 연합을 이어주는 훌륭한 사회인으로 성장하기를 바랄 뿐이다.

　　다른 나라에 비해 한국인이 매우 적은 숫자여서, 한인들끼리의 단체를 만드는 일 또한 내 생활의 일부였다.
　　최초의 한인 친목단체인 한인 골프회를 만들어 초대 회장도 했고, 재 아일랜드 카톨릭 한인 공동체 사목회장도 했었다. 그리고 민주평화통일 자문회의 아일랜드 자문위원도 5년째 맡고 있다. 3년 전에는 다른 교민들과 힘을 합쳐 한인회도 설립했다.

　　앞으로는 각 나라에서 훌륭하게 활동하고 있는 많은 교민들과 교류를 확대해 차세대를 위한 일이 무엇일까 고민해보고자 한다. 또한 한국과 아일랜드간의 문화교류를 민간 차원에서 확대하는 일도 해보고 싶다.
　　처음 아일랜드에 왔을 때처럼 끊임없이 새로움에 도전하면서….

글을 마치며

오늘도 역시 일상의 하루가 시작된다.

자가용으로 혹은 트램(노상전차)에 몸을 싣고 직장으로, 학교로 가는 사람들이 보인다.

나도 시동을 걸고 주차장을 빠져 나와 그 대열에 합류한다. 이 나라 사람들처럼 적당한 양보와 규정에 맞는 속도로 여유로운 출근길에 나선다. 가끔은 옆 차선 차량에서 경적소리를 듣기도 한다. 친한 한국인이나, 슬로바키아 친구를 우연히 만나게 인사를 하는 것이다.

Galanta 사무실에 도착하면 두 명의 슬로바키아 여직원인 아델라(Adela)와 루비챠(Lubica)가 'Dobre rano(슬로바키아 아침인사)'와 함께 나를 맞아줄 것이다. 그리고, 크렌베리 tea와 함께 하루를 시작한다.

나는 하루하루를 여행자처럼 살고 있다. 적어도 같은 한국인들이 보기에는 그렇게 느껴질 것이다.

이 나라 사람들처럼 휴가를 즐기고, 이 나라 사람들처럼 회사보다는 나 자신을 사랑하고, 이 나라 사람들처럼 스트레스를 받지 않는다.

아니 그렇게 노력을 하고 있다.

한국생활이 몸에 맞지 않는다거나, 유럽이민에 대해 환상을 가지고 있다면, 나는 '무조건 유럽이민을 실천하라'고 말하고 싶다. 이곳 동유럽을 통한 유럽이민을 완성하라고 추천하고 싶다.

한국스타일의 조직문화와 가부장적인 사회문화에 대해 한번이라도 의심을 해보았다면 이곳 생활에 충분히 만족하면서 살 수 있을 거라고 믿는다.

정해진 법의 테두리 안에서는 개인의 자유와 취향에 대해서 무척 관대하다. 더구나 우리는 외국인이고, 이 나라 경제를 부흥시킨 투자국이라는 사회적 인식이 바탕에 깔려있다.

일정수준의 사회적 안정장치와 문화적 혜택을 누릴 수 있는 나라에서 우리가 이정도 대접을 받으면서 지낼 수 있는 나라는 흔치 않다. 그러나, 이러한 상황이 10년 20년 계속되리라는 보장이 없으니, 알아서 잘 판단하리라 믿는다.

2002년 준결승전의 카드섹션처럼 '꿈은 이루어진다'고 생각한다. 나의 꿈이었던 유럽이민 생활을 하게 된 것도 모두 매 순간순간의 작은 의사결정이 모여서 이루어 진 것이다.
그러니, 자신의 꿈을 잊지 말고, 잃지 말며 꾸준히 조금씩 그 방향으로 움직이면 그 꿈은 현실이 되고 일상이 될 것이다.

정말로, 유럽이민은 꿈이 아닌 현실이며 그저 평범한 일상일 뿐이다..…

원고 작성에 많은 도움을 주신 폴란드와 체코에서 열심히 직장생활 중이신 J씨와 L씨에게 감사의 말을 드립니다.

Cafe Devin, Denvinska Nova Ves, Slovakia

그 남자는 왜 동유럽에 살고 있을까?

초판 1쇄 인쇄일 · 2014년 09월 01일
초판 1쇄 발행일 · 2014년 09월 10일

지은이 | 최동섭
펴낸이 | 노정자
펴낸곳 | 도서출판 고요아침
편   집 | 송지훈

출판등록 2002년 8월 1일 제 1-3094호
120-814 서울시 서대문구 중가로 29길 12-27 102호(북가좌동, 동화빌라)
전   화 | 02-302-3194~5
팩   스 | 02-302-3198
E-mail | goyoachim@hanmail.net
홈페이지 | www.goyoachim.com
인터넷몰 | www.dabook.net

*책 가격은 뒤표지에 표시되어 있습니다.
*이 책의 판권은 지은이와 고요아침에 있습니다.
 이 책 내용의 전부 또는 일부를 재사용하려면 반드시 양측의 서면 동의를 받아야
 합니다.

ISBN 978-89-6039-651-7 (03920)

ⓒ 최동섭 2014